社会人基礎力が身につく
キャリアデザインブック
自己理解編

寿山泰二 著

金子書房

まえがき

　本書は，大学生のキャリア教育において，その中核に位置づけられている「キャリアデザイン」に関する体系的で実践的なワークブックです。しかも，現代社会が求めている「社会人基礎力」の養成を初めて明確に打ち出して作成された楽しみながら学べる画期的なワークブックです。

　「キャリアデザイン」授業に対応したテキストはこれまでも何冊も刊行されてきました。それは多人数受講者（200人以上）を念頭に置いた講義形式に対応したもので，理論，知識，情報提供等が中心に編集されたものでした。これらのテキストは，頭では理解できても，身体で実感したり，実際に能力・スキル等が身につく内容を提供することは困難なものがほとんどでした。このような「キャリアデザイン」授業では，実際に就職活動を迎えた時期においても，あまり役に立たず，もう一度一から就職活動のための準備をやり直す必要がありました。

　そこで，多人数講義ではなく，小中規模受講者（100人以下）を対象として，「キャリアデザイン」に必要とされる項目すべてにワークシートを使用して，実際に作業（ワークシート作成等）を行いながら体験的に自ら「キャリアデザイン」を学んでいくことができるように，講義用のテキストではなく，実践的なワークブックを考えました。そうすれば，現実の就職活動を開始するにあたりその準備を一からやり直す必要もなく，このワークブックをその準備にも有効活用できるからです。

　ワークシート採用の背景には，現実の就職・採用試験に社会人として必要とされる知識・情報・スキル等の習得状況を判断する「コンピテンシー採用」が一般化されてきたことがあります。つまり，「社会人基礎力」の習得をも可能にするには，講義形式のテキストより実践的なワークブック（それも実際の就職・採用試験に出題されているもの）の方が，社会が求める人材の輩出という責務を持つ現代の大学のキャリア教育の指導・支援方法としては適応しているからなのです。

　本書の特徴は，他書にはない「キャリアデザイン」に必要とされる多様で効果的なワークシートを多数採り入れ，「社会人基礎力」の「考え抜く力」の養成に力点を置いたオリジナルプログラムにあります。「自己理解編」と「社会理解編」の2分冊としていますが，大学の授業にダイレクトに対応できるよう各14講収めています。

　「自己理解編」においては自己理解に重要な自我状態，性格，価値観を学び，他者との関わりを通じて相互の共通点や相違点を客観的に理解できるように工夫をしています。また，論理的思考力，批判的思考力，創造的思考力の基礎を学ぶ項目を盛り込み，「考え抜く力」を実践的に養成できるようにしています。

　それぞれ独立したワークブックとして活用することもできますが，「自己理解編」「社会理解編」と連続して受講することで，「キャリアデザイン」に必要とされるすべての項目（自己理解，社会理解，マッチング，ならびに「社会人基礎力」養成まで）が完結できるように作成しています。

　さらに，授業でグループダイナミクスを活用できるように工夫しており，就職・採用試験

と同様のグループワークやグループディスカッションの実践を通して，大学生に不足している社会性および「社会人基礎力」を身につけられるように配慮しています。もちろん，キャリア科目「キャリアデザイン」等のテキスト（ワークブック）以外にも，ゼミでの「基礎力」「就職能力」の養成や就職活動の準備（自己理解・社会理解）にも活用でき，一人でも学べる内容にしています。

　本書は，昨今の就職氷河期時代に必要とされる「社会人基礎力」を養成するとともに，夢や希望を抱けなくなってきた現代大学生の価値観等も十分に考慮に入れた新時代の「キャリアデザイン」に最適のワークブックです。どんな時代になろうとも普遍的な大学キャリア教育の本質を教示した本書が，今後の大学キャリア教育の標準ワークブックとして，多数の大学で活用されることを心から願っています。

　最後に，本書の企画・出版にご賛同いただき，東京からわざわざ大阪の私の研究室までご足労くださいました金子書房代表取締役専務の小林進氏，編集作業におきまして，きめ細やかな校正に加え，私のわがままを数々お聞き入れくださいました編集部次長の亀井千是氏には心より深く感謝を申し上げます。

　　2012年　2月

　　　　　　　　　　　　　　　　　　　　　　　　　　　　　　　　　　寿　山　泰　二

本書の効果的な活用のしかた

　本書は，大学の「キャリア教育」に関連する授業（キャリアデザイン，大学入門ゼミ，就職指導など）で使用されることを念頭に入れ，授業にダイレクトに対応可能となるよう各14講分のワークシートを収めています。また，授業としてではなく，就職活動に必要な「自己理解」および「社会理解」を深めるための就職活動の準備にも活用できるように考慮しています。

　本書を大学の授業で活用する指導教員のために，さらに効果を上げられるようにグループディスカッションやグループワークをどのパートでどのように実施するのかについても明確に示しています。もちろん，指導教員がいなくても，独学で学習できるようにていねいに解説しています。

　本書の構成は，各講の最初に「ねらい」を明確に打ち出し，何を学習し，何を身につけるかを理解してもらいます。さらに，ワークシートを作成することでどのような「社会人基礎力」が身につくかも標記しています。各講の「活用・実施方法」にしたがってワークブックを進めてください。まず，各講で必要とされる「予備知識」を学んだあと，ワークシートの作成に取りかかってください。次に，ワークシートの作成を通して，グループごとに感想や議論などの時間を設け，自他の考え方，感じ方，価値観などの共通点，相違点などについて相互に理解を深め，気づきの促進を図ってください。グループでディスカッションを行う箇所には **GD** のマーク，ワーク（作業）をしてもらう箇所には **GW** のマークを付しています。一応，時間の目安はありますが，臨機応変に対応いただければ結構です。

　各講の最後のページには各講で学んだことに対する気づきと今後の活用方法について，毎回振り返りを行ってもらい，授業成果を自分自身で確認できるようにしています。この振り返りの時間（各5分）を確実に取っていただくことを本書では最も重要視しています。14講すべてが終了した時点で「自己理解」および「社会理解」で学んだこと，得たことがまとめられ，残りの大学生活や就職活動に向けての整理ができ，大きなヒントが得られるように工夫しています。

　各講の終わりには「コラム」や「プラスα」を設け，さらに学習を深めるための知識や関連情報等を付け加えています。この欄の活用は，アイスブレイキングにも授業の時間調整にも活用できます。もちろん，復習のための宿題にしていただいてもかまいません。本書の活用者の用途に応じてうまくご利用ください。

　さらに，付録として就職活動に役立つ自己分析ワークシートやアイスブレイキングのための4つのワークも追加し，有用性・利便性を高めて本書の充実を図っています。また，各講で出題した問題の解答例にも解説をつけ，理解がいっそう深まるようにしています。本文とあわせて参考にしていただければ幸いです。

〈参考〉社会人基礎力とは

　「社会人基礎力」とは,「前に踏み出す力(アクション)」「考え抜く力(シンキング)」「チームで働く力(チームワーク)」の3つの能力(12の能力要素)から構成されており,「職場や地域社会で多様な人々と仕事をしていくために必要な基礎的な力」として,経済産業省が2006年から提唱しているものです。現在,多くの企業で就職・採用試験等の評価基準として活用されています。

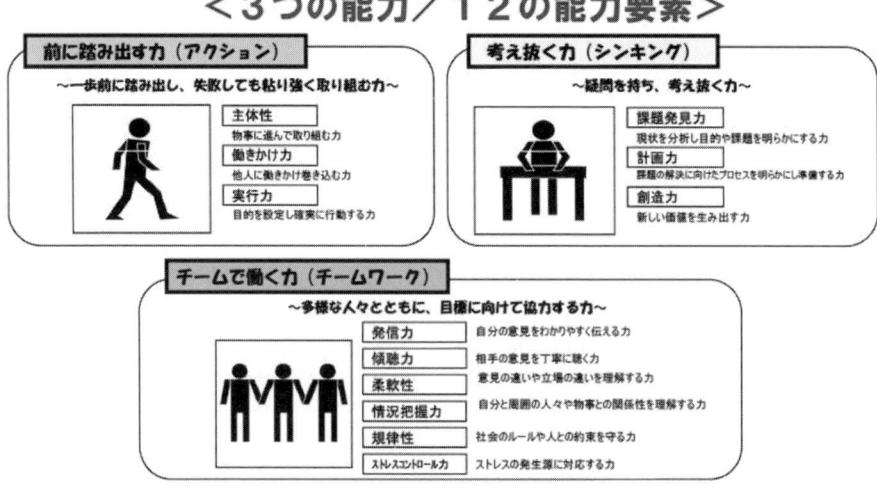

出典:「社会人基礎力について」経済産業省産業人材参事官室,2006年より

目　次

まえがき　i
本書の効果的な活用のしかた　iii

第1講　自分のキャリアを考える　　1

大学4年間のキャリア形成を考える　2
大学について考えてみよう　3
大学4年間のステージとサイクル　4
キャリアプラン表　5
第1講の振り返り　6

〈コラム〉初年次教育の意義　6

第2講　キャリア理論を学ぶⅠ　　7

キャリア実践方法を知るⅠ　8
キャリアアンカー理論　9
キャリアアンカーチェックリスト（簡易版）　10
自分のキャリアアンカーを分析してみよう　11
第2講の振り返り　12

〈コラム〉外的キャリアと内的キャリア　12

第3講　キャリア理論を学ぶⅡ　　13

キャリア実践方法を知るⅡ　14
プランドハプンスタンス理論　15
ポール・ポッツの生き方　16
夢をつなぐ架け橋　17
第3講の振り返り　18

〈コラム〉ワンイヤーデザイン理論　18

第4講　自己理解を深めるⅠ　　19

現在の自己全体像を知る　20
Twenty Statements Test（基本編）　21
Twenty Statements Test（解説編）　22
Twenty Statements Test（応用編）　23
第4講の振り返り　24

〈プラスα〉TST活用法　24

第5講　自己理解を深めるⅡ　　25

自我状態を知る　　26
構造分析（3つの自我状態）・機能分析（5つの自我状態）　　27
エゴグラム　　28
エゴグラムプロフィール　　29
第5講の振り返り　　30

〈プラスα〉ストローク（交流分析活用法）　30

第6講　自己理解を深めるⅢ　　31

性格を知る　　32
Big Five 尺度（5因子）　　33
Big Five 尺度（5因子）得点表　　34
Big Five 尺度（5因子）解説編　　35
第6講の振り返り　　36

〈コラム〉性格と価値観　36

第7講　自己理解を深めるⅣ　　37

自他評価を分析する　　38
手鏡　　39
四面鏡　　40
共通点・相違点をチェックしよう！　　41
第7講の振り返り　　42

〈プラスα〉ジョハリの窓　42

第8講　自己理解を深めるⅤ　　43

将来像を考える　　44
「手紙〜拝啓十五の君へ」　　45
現在の自分から未来の自分への手紙　　46
未来の自分から現在の自分への手紙【返信】　　47
第8講の振り返り　　48

〈コラム〉エンプティ・チェア（ゲシュタルト療法）　48

第9講　社会人基礎力を身につけるⅠ　　49

相互理解を深める　　50
価値観チェックリストⅠ　　51
価値観チェックリストⅡ　　52
価値観チェックリストⅢ　　53
第9講の振り返り　　54

〈コラム〉社会人基礎力の中核は「考え抜く力」　54

第 10 講　社会人基礎力を身につける Ⅱ　　　55

論理的思考力（ロジカルシンキング）を身につける　　56
三角ロジック　　58
ロジックツリー　　59
第 10 講の振り返り　　60

〈プラス α〉論理パズル　60

第 11 講　社会人基礎力を身につける Ⅲ　　　61

批判的思考力（クリティカルシンキング）を身につける　　62
4 コマ漫画　　63
1 コマ漫画　　65
第 11 講の振り返り　　66

〈コラム〉絵画統覚テスト（TAT）と P-F スタディ　66

第 12 講　社会人基礎力を身につける Ⅳ　　　67

創造的思考力（クリエイティブシンキング）を身につける　　68
なぞかけ　　69
川柳　　70
第 12 講の振り返り　　72

〈コラム〉マインドマップ　72

第 13 講　社会人基礎力を身につける Ⅴ　　　73

総合力を身につける　　74
情報カード Ⅰ　　75
情報カード Ⅱ　　76
戦国村を探れ！　　77
第 13 講の振り返り　　78

〈コラム〉コミュニケーションで大事なこと　78

第 14 講　自己理解をまとめる　　　79

自己理解をまとめる　　80
ワークブックまとめ一覧表（第 1 講～第 3 講）　　81
ワークブックまとめ一覧表（第 4 講～第 8 講）　　82
ワークブックまとめ一覧表（第 9 講～第 13 講）　　83
第 14 講の振り返り　　84

〈コラム〉履歴書の話　84

付　録　　　　　　　　　　　　　　　　　　　　　85

　　ライフラインチャート〜より深い自己分析をするために〜　　86
　　アイスブレイキング　　87

問題解答例　　　　　　　　　　　　　　　　　　　89

引用・参考文献　　95

第1講

自分のキャリアを考える

大学4年間のキャリア形成を考える

Ⅰ．ねらい

　大学に入学して，あなたは何をしたいのですか？　4年間をどのように過ごしたいと考えていますか？　卒業後の進路は考えたことがありますか？　入学早々だからこそ，真剣に考えてみることが重要なのです。4年間の大学生活をむだに過ごさないために一番最初に取り組むべきことについて考えてみましょう。

Ⅱ．養成する社会人基礎力

　　○前に踏み出す力（アクション）
　　◎考え抜く力（シンキング）
　　○チームで働く力（チームワーク）

Ⅲ．ワークブック活用・実施方法

　本講では，まず「予備知識」を確認したあとに現在の自分の「大学」に対するイメージを明確化しましょう。そのイメージと現実とのギャップに気づき，大学4年間のステージ・サイクルを考えていきます。次に，自分の目ざす方向性を見つけるために具体的な項目を記入していきながら，自分の4年間の大学生活をイメージしてみましょう。そして，グループでそれぞれの内容等について話し合って比較検討してみましょう。最後に，本講の振り返りを行い，気づきを整理して今後の大学生活の参考にしてください。

Ⅳ．予備知識

① 大学は何をするところか

　「専門知識を学ぶ」「幅広い教養を身につける」「ゼミ活動」「クラブ・サークル活動」「海外留学」「友人づくり」「就職準備」などいくつもあげられますが，高校までの勉強は「大学に入るための勉強」が中心でしたが，大学での勉強（学び）は「社会に出るための勉強（学び）」だと考えましょう。ほとんどの人は，4年後には卒業して社会に出て働き，自分の生活の基盤を作っていかなければならないのです。そのために必要なことを大学4年間でしっかりと習得してほしいのです。もちろん，卒業するのに必要な単位を最低限取得しなければならないことは言うまでもありません。

② 大学を卒業して就職するためには

　現代は，大学で4年間しっかり勉強して卒業に必要な単位を修得したからといって，必ず就職できるという時代ではありません。つまり，就職するためには，大学卒業単位の修得は必要条件であって，十分条件ではないということです。その十分条件を満たすために何が必要か，そのひとつの答えとして社会が出した答えが「社会人基礎力」です。「社会人基礎力」は授業だけでなく，上記のいろいろな活動から養成されていくものです。日頃から「社会人基礎力」を意識しその習得を心がけることが，実は一番重要なのです。

大学について考えてみよう

GW

問題1：自分が「大学」と聞いて連想すること，イメージすることを自由にできるだけたくさん書き出してみましょう。

（時間：10分）

GW

問題2：自分が「大学」でやってみたいこと，挑戦してみたいことなどを5つ書き出し，あわせてその理由も考えてみましょう。

（時間：10分）

①

　理由：（　　　　　　　　　　　　　　　　　　　　　　　　　　　　　　）

②

　理由：（　　　　　　　　　　　　　　　　　　　　　　　　　　　　　　）

③

　理由：（　　　　　　　　　　　　　　　　　　　　　　　　　　　　　　）

④

　理由：（　　　　　　　　　　　　　　　　　　　　　　　　　　　　　　）

⑤

　理由：（　　　　　　　　　　　　　　　　　　　　　　　　　　　　　　）

第1講　自分のキャリアを考える

大学4年間のステージとサイクル

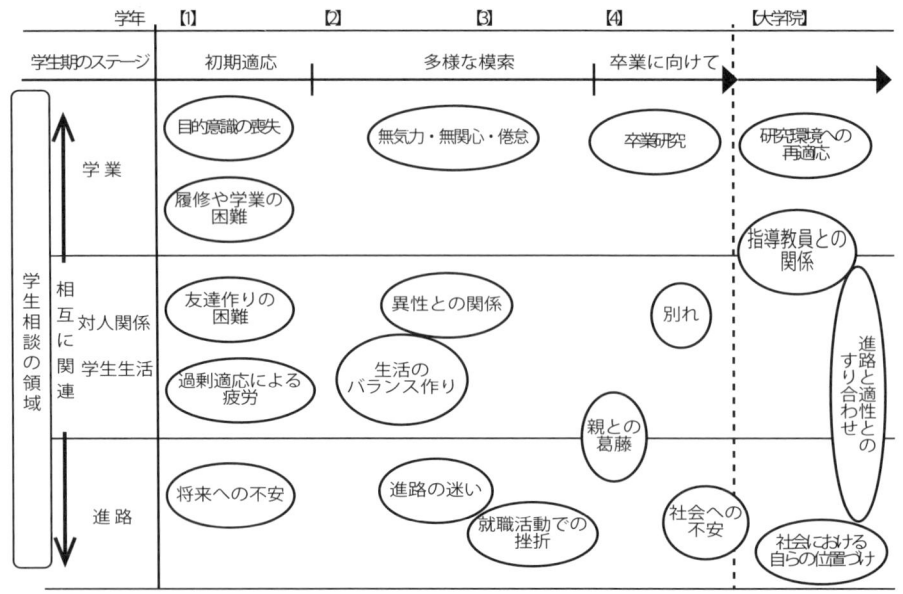

鶴田（1994他）による一連の著作をもとに，大学における学生相談体制の整備に資する調査委員会にて作成

［文献］独立行政法人日本学生支援機構　大学における学生相談体制の充実方策について――「総合的な学生支援」と「専門的な学生相談」の「連携・協働」より

解説

（1）入学後の1年間
　入学してからの1年間は，大学という新しい環境にうまく適応することが課題。

（2）2年生から3年生にかけて
　2年生から3年生にかけては，学生生活における変化はそれほど大きくはありません。将来の進路の選択という課題が少しずつ迫ってはくるものの，時間をかけて自分を見つめることのできる貴重な時期。

（3）4年生〜卒業に向けて
　3年生の後半から4年生にかけて，就職や進学などの進路先が具体的に決定するにしたがって，卒業が意識される時期。

GD

問題3：「大学4年間のステージとサイクル」を見て，気づいたこと，感想などを書いてみましょう。　　　　　　　　　　　　　　　　　　　　　　　　　　　（時間：5分）

キャリアプラン表

GW
問題4：大学4年間のキャリアプラン表を作成してみましょう。　　　　　　（時間：20分）

	1年生	2年生	3年生	4年生
目標	項目 理由	項目 理由	項目 理由	項目 理由
授業科目	項目 理由	項目 理由	項目 理由	項目 理由
取得単位	項目 理由	項目 理由	項目 理由	項目 理由
取得資格	項目 理由	項目 理由	項目 理由	項目 理由
クラブ活動	項目 理由	項目 理由	項目 理由	項目 理由
アルバイト	項目 理由	項目 理由	項目 理由	項目 理由
旅行・留学	項目 理由	項目 理由	項目 理由	項目 理由
就職準備	項目 理由	項目 理由	項目 理由	項目 理由
その他	項目 理由	項目 理由	項目 理由	項目 理由

第1講の振り返り

GD

Ⅰ．気づいたこと・得たこと・学んだこと　　　　　　　　　　　（時間：5分）

Ⅱ．気づいたこと・得たこと・学んだことを就活・今後にどう活用するか（時間：5分）

GD

コラム

初年次教育の意義

　高校から大学に入学して，一番戸惑うことは，**すべて自分が考えて行動しなければならない**ことだと思います。獲得した自由の裏側には自分が責任を負うことが求められています。これまで受動的に過ごしてきた学生にとって，本当の意味での**自立や能動的行動が求められる**ため，そのギャップにせっかく入学した大学への興味も失くしてしまうことも少なくありません。また，新しい友だちがすんなりできないのは，高校までのように受動的に過ごしていることも原因として考えられます。

　大学1年生の授業では，**高校から大学の移行に伴うさまざまな問題を解消するための初年次教育**が行われています。たとえば，「大学入門ゼミ」と呼ばれるような科目は，いち早く大学生活に慣れ本来の学びができるように準備されているのです。初年次教育の意味を理解し，大学4年間を自分の思い通りになるように充実させるにはどうすればよいでしょうか。その答えは，**夏休みまでの最初の約4か月間の大学生活に全力で適応しようと努力すること**です。授業に遅刻・欠席せずに出る。しっかりと興味・関心を持って授業に取り組む。授業の単位を落とさない。当たり前のことを当たり前にやることが一番重要なのです。これらができれば，4年間の大学生活は充実したものとなり，就職活動も自ずとよい結果がついてくることでしょう。

第2講

キャリア理論を学ぶⅠ

キャリア実践方法を知る I

I．ねらい

　自分の人生を充実したものにしたい，有意義に過ごしたいと誰もがそう願っているはずです。そんな思いを実現するための理論が存在するのです。自分の生き方そのものを考え，その方向性を探り，その実現に向けてどうすればよいのかを学びましょう。本講では，「キャリアアンカー」に基づく生き方を学び，参考にして自分なりのキャリアを考えましょう。

II．養成する社会人基礎力
　○前に踏み出す力（アクション）
　◎考え抜く力（シンキング）
　○チームで働く力（チームワーク）

III．ワークブック活用・実施方法

　まずは，シャイン（Shein, E. H.）の「キャリアアンカー理論」を学び，自分のキャリアアンカーを考えてみましょう。キャリアアンカーの構成要素である3つの要素から今の自分自身を見つめてみましょう。次に，キャリアアンカーを知る簡易チェックリストを活用して，8つのキャリアアンカーについて理解を深めましょう。最後に，自分のキャリアアンカーを分析して将来について考えてみましょう。

IV．予備知識

① キャリアとは

　文部科学省の定義は，「個々人が生涯にわたって遂行する様々な立場や役割の連鎖及びその過程における自己と働くこととの関係付けや価値付けの累積」ですが，広い意味では，「人の一生における経歴，人生そのもの」をいい，狭い意味では，「職業経歴」部分のみをいいます。また，その語源は，馬車が通ったあとの轍（わだち）からきており，これまで歩んできた道のり，これから向かうであろう将来の展望をも意味しています。

② キャリアデザインとは

　ひとことでいえば「人生設計」ですが，「人生における夢・目標を実現するための方法を探索するだけでなく，それを実現するための能力等を習得する」ことをも含んでいます。ちなみに，デザインの語源はフランス語のデッサンからきています。つまり，下絵のことです。人生の下絵を描くわけなので，何度でも描き直せるものなのです。

③ キャリア教育とは

　一人ひとりのキャリア発達を支援し，それぞれにふさわしいキャリアを形成していくために必要な意欲・態度や能力を育てる教育をいいます。勤労観・職業観を育てる教育のことをいいます。

キャリアアンカー理論

Ⅰ．キャリアアンカーとは

シャインは，キャリアアンカー（Career Anchor）を「個人のキャリアのあり方を導き，方向付ける錨，キャリアの諸決定を組織化し，決定する自己概念」と提唱しています。アンカーとは，船が航路から外れないように錨にたとえた「自分の拠り所」を意味しています。キャリアアンカーは大きく8つのタイプに分類されます。

Ⅱ．キャリアアンカーの構成要素

キャリアアンカーの構成要素として，①才能・能力，②動機・欲求，③価値，態度などがあげられます。この3つの要素が統合された「自己概念」によって，キャリアアンカーは組織化されています。

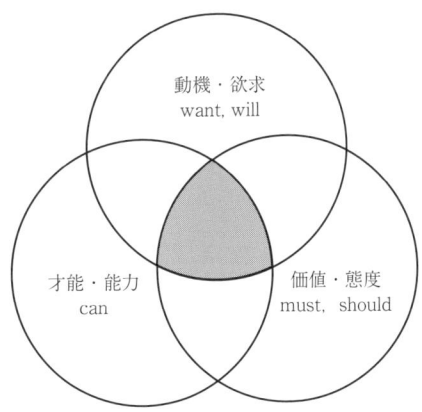

GW
問題1：今の自分自身に対して以下の3つの問いに答えてみましょう。　　　（時間：10分）

① 自分は何をしたいのか（want, will）→ 動機・欲求
（　　　　　　　　　　　　　　　　　　　　　　　　　　　　　　　　　　）

② 自分は何ができるのか（can）→ 才能・能力
（　　　　　　　　　　　　　　　　　　　　　　　　　　　　　　　　　　）

③ 自分は何に意味を感じているか（must, should）→ 価値・態度
（　　　　　　　　　　　　　　　　　　　　　　　　　　　　　　　　　　）

GD
問題2：3つの問いかけから気づいたことを書いてみましょう。　　　（時間：5分）

キャリアアンカーチェックリスト（簡易版）

GW

以下の項目に対し，「いつもそう思う」は5，「比較的そう思う」は4，「どちらとも言えない」は3，「あまりそう思わない」は2，「まったくそう思わない」は1を記入してください。

（時間：15分）

No	設問	①	②	③	④	⑤	⑥	⑦	⑧
1	エキスパート（専門職）と呼ばれる仕事がしたい。								
2	リーダーシップを発揮して，結果を出したときが一番嬉しい。								
3	仕事は自分のやり方で自由に進めたい。								
4	自由に仕事をするよりも，将来の保障や安定の方が大事である。								
5	起業するために必要な情報を収集している。								
6	自分のことより社会貢献ができる仕事がしたい。								
7	困難な課題に挑戦し，それらを解決をする仕事がしたい。								
8	プライベートに差し支えのない仕事がしたい。								
9	専門職としてもっと高いスキルを身につけたい。								
10	みんなをまとめ，自分が意思決定をする仕事がしたい。								
11	マイペースでできる仕事が一番である。								
12	福利厚生が充実した大きな組織で働きたい。								
13	組織の管理職（部長など）になるより自分で起業したい。								
14	他人のために自分の知識・能力などを使いたい。								
15	難しい問題にぶつかり，それを克服したときが一番嬉しい。								
16	仕事と家庭の両立ができる仕事がしたい。								
17	総合的な管理職（部長など）よりも専門職の仕事がしたい。								
18	専門職よりも総合的な管理職（部長など）の仕事がしたい。								
19	保障・安定よりも自由・独立の方が大事である。								
20	将来が保障され安定している組織で働きたい。								
21	自分のアイデアで事業がうまくいったときが一番嬉しい。								
22	世の中のために貢献できる仕事を優先したい。								
23	他人には無理な問題を自分が解決した時が一番嬉しい。								
24	自分の生活を豊かにすることが一番大事である。								
25	自分の専門スキルが発揮・評価されたときが一番嬉しい。								
26	責任のある管理職（部長など）の仕事は価値がある。								
27	自分の裁量で自由にできる仕事がしたい。								
28	収入面で心配する必要のない安定した仕事がしたい。								
29	自分が考えて創り出した事業は自分の仕事としてやりたい。								
30	仲間と協力しあって他人に奉仕する仕事は価値がある。								
31	どんどん新しい挑戦をさせてくれる組織で仕事がしたい。								
32	組織で出世するよりも自分個人の生活の方が大事である。								
	合　計								

①から⑧のそれぞれの得点を縦計して折線グラフにしましょう。得点の一番高いものがキャリアアンカーと考えられます。同得点がある場合は次頁の内容を読み，現時点で最も自分に当てはまるものを見つけましょう。

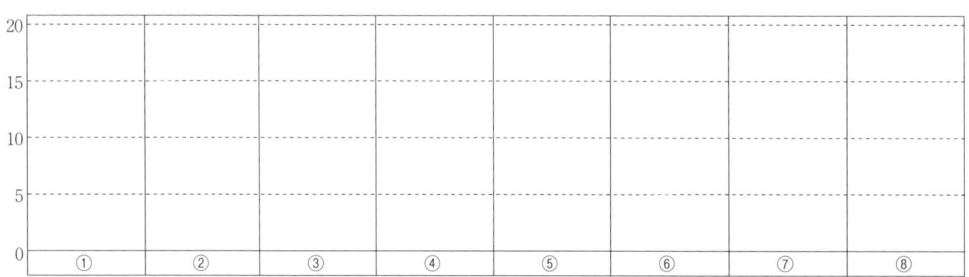

自分のキャリアアンカーを分析してみよう

① 専門・職能別コンピタンス（Technical/Functional Competence）

専門家（エキスパート）であることを自覚して満足感を覚えます。自分が得意としている専門分野や職能分野と関連づけて自分のアイデンティティを形成し，その分野でさらに高い能力を身につけていきます。

② 全般管理コンピタンス（General Managerial Competenece）

経営管理に関心を持ち，組織の階段をのぼって責任のある地位につきたいと強い願望を抱いています。組織全体の方針を決定し，自分の努力によって組織の成果を左右してみたいという願望を持っています。

③ 自律・独立（Autonomy/Independence）

どんな仕事に従事しているときでも自分のやり方，自分のペース，自分の納得する仕事の標準などを優先させます。自分の望む条件に合う，会社から独立したキャリアを指向します。

④ 保障・安定（Security/Stability）

安全で確実と感じられ，将来の出来事を予測することができ，しかもうまくいっていると知りつつゆったりとした気持ちで仕事ができ，そんなキャリアを送りたいという欲求を最優先させます。

⑤ 起業家的創造性（Enterpreneurial Creativity）

新しい製品やサービスを開発したり，財務上の工夫で新しい組織を作ったり，あるいは現存する事業を買収して，もくろみどおりに事業を再編したりして新しい事業を起こす欲求を他の何よりも強く意識しています。

⑥ 奉仕・社会貢献（Service/Dedication to a Cause）

何らかの形で世の中をもっとよくしたいという欲求でキャリアを選択し，他人のために自分の身を奉じるのが特徴です。ただし，奉仕を指向する職業で働く者がすべて奉仕への欲求のみによって動機付けられているわけではありません。

⑦ 純粋な挑戦（Pure Challenge）

何事にも，あるいは誰にでも打ち勝つことができるということを自覚しています。「成功」は不可能と思えるような障害を克服すること，解決不能と思われてきた問題を解決すること，極めて手ごわい相手に勝つことなどです。

⑧ 生活様式（Lifestyle）

生活様式全体を調和させることができなければならないと考えています。何よりも柔軟であることを望み，個人のニーズ，家族のニーズ，キャリアのニーズをうまく統合させる方法を見出したいという欲求を持っています。

GW

自分のキャリアアンカーを分析してみましょう。　　　　　　　　　　　（時間：5分）

　　★自分のキャリアアンカー：

　　★感想等：

　　★仕事像：

第2講の振り返り

GD

Ⅰ．気づいたこと・得たこと・学んだこと　　　　　　　　　　　　　　（時間：5分）

Ⅱ．気づいたこと・得たこと・学んだことを就活・今後にどう活用するか　（時間：5分）

GD

コラム

外的キャリアと内的キャリア

　キャリアは，**外的キャリアと内的キャリア**に分類することができます。外的キャリアとは，職業的側面である**経歴，役職，年収**など外部から目に見えるものです。一方，内的キャリアとは，**心理的側面である自己概念を表す価値観**や**人生観**など外部からは目に見えにくいものです。端的に言えば，**外的キャリアは肩書きで，内的キャリアはやりがい**に通じるものです。企業に属していると対外的関係から外的キャリアを重視・評価する傾向が強いようですが，キャリアを考えるうえで重要なのは，外的キャリアよりも内的キャリアだと思います。なぜなら，**生きていく本質は，外的キャリアをめざすことではなく，内的キャリアを確立すること**だからです。つまり，**キャリアゴールは，外的キャリアではなく，内的キャリアであって，外的キャリアは，あくまでも内的キャリアのためのプロセス**なのです。自分の**内的キャリアを知るひとつの方法がキャリアアンカーを見つけること**なのです。外的キャリアと内的キャリアを整理して，**自分にとってバランスの取れたキャリアデザインをめざしましょう**。まずは，自分の将来を見据えたキャリアを思い描き，外的キャリアと内的キャリアに明確に区別するところからキャリアデザインを始めてみましょう。

第3講

キャリア理論を学ぶⅡ

キャリア実践方法を知るⅡ

Ⅰ．ねらい

　クランボルツ（Krumboltz, J. D.）の「プランドハプンスタンス」の理論に基づいて，自分の生き方や人生をどのようにとらえていけばよいかを考えてみましょう。「偶然」は本当に「偶然」なのか，「必然」は本当に「必然」なのかを含め，自分の身の周りの事象を今一度見直して，今後の大学生活のあり方の参考にしましょう。

Ⅱ．養成する社会人基礎力

　○前に踏み出す力（アクション）
　◎考え抜く力（シンキング）
　○チームで働く力（チームワーク）

Ⅲ．ワークブック活用・実施方法

　本講では，まず「プランドハプンスタンス理論」とはどういうものか，具体的な事例を確認しながら，そこにどんな意味や本質が隠されているのかを知り，この理論において，重要な考え方である「偶然を幸運に変える5つの力」を理解しましょう。次に，現在イギリスで有名オペラ歌手となったポール・ポッツの事例をもとに，そこから自分の人生に役立つ生き方を学び取りましょう。最後に，「夢をつなぐ架け橋」マップを作成して，「偶然」「必然」の環境を自ら描き出してみましょう。

Ⅳ．予備知識

　①　パーソンズ（Parsons, F.）のキャリア理論

　特性因子理論（Trait and Factor Theory）において，個人の持つ特性（適性，性格，興味・関心，価値観等）と職業・職務の持つ要因（因子）に基づいて，人と仕事をいかにマッチングさせるかを提唱しました。キャリア選択をシステマチックに行う伝統的方法として，現在も実際の現場で多用されています。

　②　スーパー（Super, D. E.）のキャリア理論

　キャリア発達を人のライフステージと関連づけ，生涯にわたり発達し変化し続けるとし，「成長・探索・確立・維持・衰退」の一連のサイクルでとらえました。また，キャリアは人生役割（Life Role）と密接な関係からなるとし，その役割（子ども，学生，余暇人，市民，労働者，伴侶，家庭人，親，年金生活者）はキャリア選択，意思決定において重要な役割を果たすとしました。

　③　ホランド（Holland, J. L.）のキャリア理論

　性格を6つのタイプに分類し，キャリア形成は個人の性格と仕事環境との相互作用の結果からなされるとしました。性格特性と一致するような社会的環境で仕事をすれば，より安定した職業選択ができ，職業満足度も高く，社会への貢献度も高いとしました。この理論は，キャリアカウンセリングにおけるアセスメント（VPI職業興味検査）として活用されています。

プランドハプンスタンス理論

Ⅰ．プランドハプンスタンスとは
　クランボルツは，キャリア開発とキャリア選択に関する社会学習理論を研究し，キャリア開発は学習プロセスの結果であるとしました。プランドハプンスタンス（Planned Happenstance）理論は，キャリアは偶然の予期せぬ出来事からも形成され開発されるものであり，これらを大いに活用し，必然化することが重要という考え方です。

Ⅱ．プランドハプンスタンスの具体的事例
〈事例A氏〉
　子どものころは，L大学のアメフトのスター選手になりたいと思っていた。L大学のユニフォームがカッコよかったからです。高校までアメフトをやっていたが，練習が厳しくクラブの雰囲気も管理的でアメフトがきらいになった。一方で，社会的地位が高く安定したキャリアだと両親から教えられ弁護士になろうとも思っていたが，ロースクールの適性検査の点数があまりにもひどくあきらめた。大学を卒業後，コピー機修理，代講教師，電話帳配達などしたが，長く勤めることはなかった。出身大学のキャリアセンターでキャリアカウンセラーに出会った。履歴書を見て，就職できそうな企業リストを一枚手渡されて相談を終えた。こんなことで生計を立てられるキャリアカウンセラーの仕事を知り，自分には何もしてくれなかったが，逆に，自分なら相談者にもっとマシなやり方ができると思った。その後，大学院でキャリアカウンセラーの勉強をし，現在は州立大学の教員としてキャリアカウンセラーの教育に携わっている。

〈事例Bさん〉
　大学を卒業したが，まだ何をしたらよいかわからずにいた。いろいろな仕事を経験し，さまざまなスキルも持っていたが，どれに焦点を当てて就職活動をすべきか決められずにいた。ある日，ある業界の就職フェアがあるから一緒に行かないかと友人から誘われたので，教育業界に興味はなかったが一緒に行くことにした。その就職フェアで，偶然に知人の女性に出会い，私を専門学校の副校長に紹介してくれた。あまり，乗り気ではなかったが，副校長自身も教育業界でずっとキャリアを積んだ人ではなく，意気投合してしまった。3か月後，臨時で図書館員の募集があり，そこから正社員となって6年働き続け成功した。

Ⅲ．偶然を幸運に変える5つの力（この5つの力を養成しよう）　　　　　5段階評価
① 好奇心（Curiosity）：日ごろから何にでも興味・関心，問題意識を持つ　　（　　）
② 持続性（Persistence）：あきらめずに最後まで続ける　　（　　）
③ 楽観性（Optimism）：気楽にポジティブに考える　　（　　）
④ 冒険心（Risk-taking）：危険を冒してまでやるチャレンジ精神　　（　　）
⑤ 柔軟性（Flexibility）：こだわりすぎず臨機応変　　（　　）

GW

問題1：自分の5つの力を5段階で評価を行い，その根拠を考えてみましょう。（時間：5分）

ポール・ポッツの生き方

　1970年生まれ。イングランド西部ブリストル出身。幼い頃から家が貧しく，顔立ちにも恵まれず，周囲からいじめられ続けていた。10歳から教会で聖歌隊員として歌い始める。16歳の時，オペラ歌手のホセ・カレーラスの声と出会い，彼の美しい歌声に魅了され，「満員のオペラハウスで歌いたい」という夢を抱いた。しかし，オペラ歌手は，歌の実力はもちろん容姿も重要視されていたため，彼は自分に自信が持てずプロへの道を断念した。1994年大学を卒業してスーパーマーケットに就職。その後もアマチュアのオペラ劇団に所属し，ボイストレーニングを続けた。インターネットのチャットルームで知り合った女性と交際を始め，出会って2年後に結婚。結婚式では彼女にオペラの名曲「カヴァティーナ」を捧げた。2003年7月，自転車でスーパーに出勤中交通事故に遭い，長期の入院生活を余儀なくされ仕事を失った。退院すると莫大な治療費の請求が来たため，歌のレッスンを辞め所属していたアマチュアのオペラ劇団も退団し，歩合制で比較的給料のいい携帯電話販売店のセールスマンとなる。

　2007年，イギリスのオーディション番組「Britain's Got Talent」に応募。妻も彼の決意を後押しし，これでだめなら歌は諦める覚悟で臨んだ。本番で「トゥーランドット」の名曲「誰も寝てはならぬ」を熱唱すると，審査員，会場全体を熱狂させた。番組を勝ち続けて見事優勝し，同番組の辛らつな審査員としても知られるプロデューサー，サイモン・コーウェルに認められ，一夜にして携帯電話ショップの店員から世界的オペラ歌手となった。その番組の模様はYou Tubeを通じて，世界中に配信され感銘を呼んだ。デビュー作のアルバム「ワン・チャンス」(BMG JAPAN)は2007年7月23日付全英初登場1位。3週間連続で1位を記録する。アメリカでは同年11月24日付ビルボード総合チャートで，前週115位から23位へ急上昇。全世界で300万枚以上ものセールスを達成した。特異な経歴もあり，世界中で旋風を巻き起こした。

GD
問題2：ポール・ポッツの略歴を読んで気づいたこと，感想を書いてみましょう。

(時間：10分)

夢をつなぐ架け橋

GW　　　　　　　　　　　　　　　　　　　　　　　（時間：30分）

〈作成の仕方〉
① 実現したい夢・目標を1番から3番まで書く
② 1番から3番の先にある夢・目標を考えA，B，Cを書く
③ 1番から3番の夢・目標をかなえるために必要なことを考える
④ さらに，A，B，Cに到達するために必要なことを考える

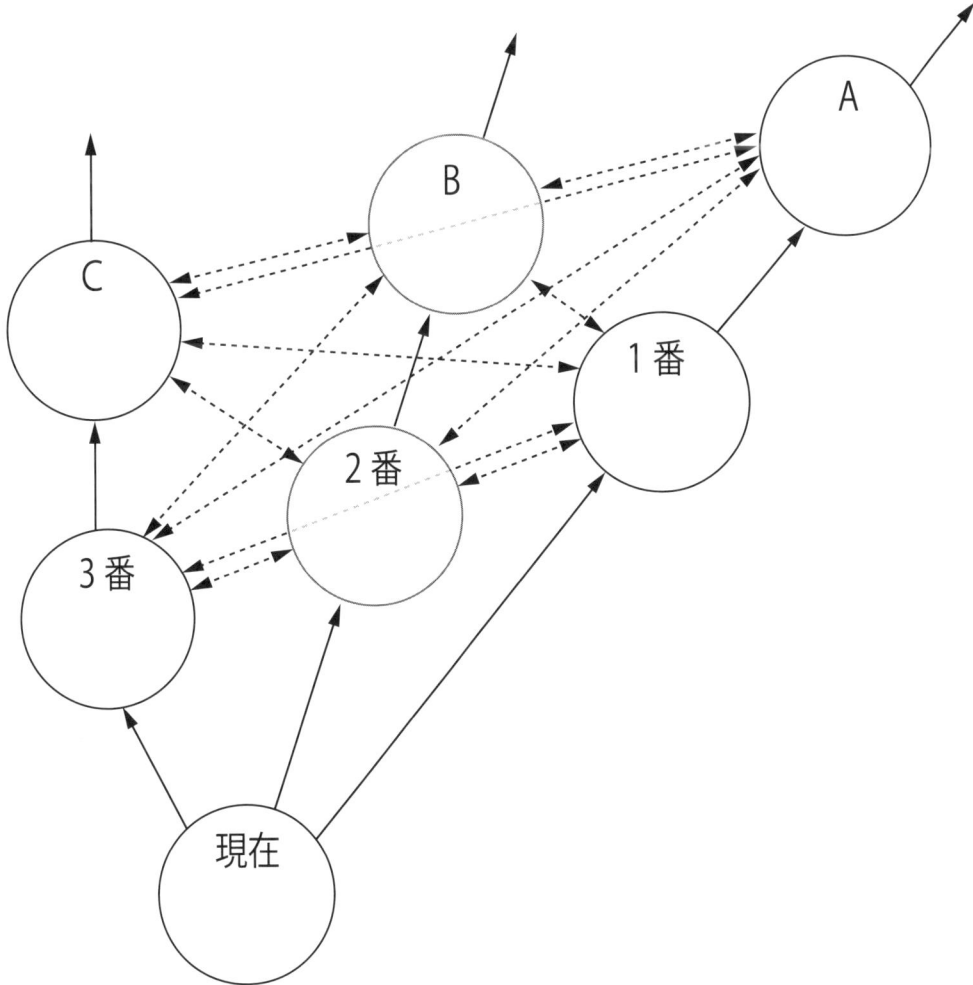

★1番の夢をかなえるために　★2番の夢をかなえるために　★3番の夢をかなえるために

① 必要な知識・スキル　　　① 必要な知識・スキル　　　① 必要な知識・スキル
　→　　　　　　　　　　　　→　　　　　　　　　　　　→

② 必要な努力・時間　　　　② 必要な努力・時間　　　　② 必要な努力・時間
　→　　　　　　　　　　　　→　　　　　　　　　　　　→

③ 必要なお金・環境　　　　③ 必要なお金・環境　　　　③ 必要なお金・環境
　→　　　　　　　　　　　　→　　　　　　　　　　　　→

第3講の振り返り

GD

Ⅰ．気づいたこと・得たこと・学んだこと　　　　　　　　　　　　（時間：5分）

Ⅱ．気づいたこと・得たこと・学んだことを就活・今後にどう活用するか　（時間：5分）

GD

コラム

ワンイヤーデザイン理論

　夢・目標を達成するためには，遠い将来から現在を見て，今何をやるべきかを考えていく方法，現在あるものを積み上げて考えていく方法，その折衷方法などいろいろあります。大事なのは，一人ひとりが**自分に合った実践可能な方法でチャレンジしていくこと**です。いずれの方法を選択しても重要なのは，毎年その夢・目標に向かって1年ごとに実践してきたことを振り返って整理し，その**夢・目標に対する接近割合を数値化**することです。達成できたこと，できなかったこと，その要因分析を踏まえ，**考えうるすべての選択肢を列挙し**，そこから次年度の夢・目標を新たに選択・決定するのです。つまり，1年ごとにキャリアの棚卸しと夢・目標の洗い替えを行うのです。

　先の見えない現代社会だからこそ，1年1年変化に応じた対応をせざるを得ないのです。アンテナを常に張り巡らせておけば，そこから自分の行く先は必然的に見えてくるものです。**キャリア・チェンジも偶然ではなく必然**なのです。キャリア・デザインは人生の下絵です。節目だけでなく，**何度でもキャリア・デザインしましょう**。大きな夢・目標は用意周到に練った計画でさえ実現しないことも多いものです。**計画には改善・修正はつきもの**です。**計画達成を目ざす地道な努力が必要**だからこそ，実現したときの達成感や満足感が大きいのではないでしょうか。

自己理解を深める I

現在の自己全体像を知る

Ⅰ．ねらい
　自己分析を始めるにあたって，まず，現在の自分の全体像を把握するところからスタートします。自分自身のことをどれだけ知っているか，自分のことを他人にどれだけちゃんと説明できるか，自己理解度を確認してみましょう。

Ⅱ．養成する社会人基礎力
　　○前に踏み出す力（アクション）
　　◎考え抜く力（シンキング）
　　○チームで働く力（チームワーク）

Ⅲ．ワークブック活用・実施方法
　本講では，クーン（kuhn, M. H）のTwenty Statements Test（20答法）を使って自己像（自己評価，価値観等）を分析します。基本編（問題1）は，制限時間5分で先入観なしですぐに実施してみましょう。5分経過したところで記入数をチェックしてください。20問できていなければ，時間を延長して全部書いてみましょう。応用編（問題2，問題3）は，語尾に指定があります。それぞれ3分で10問記入しましょう。時間的に余裕があれば，グループを作って話し合ってみるのもよいでしょう。

Ⅳ．予備知識
　① 自己分析の意味
　何のための自己分析かを考える必要があります。自己分析の目的は，「自己理解」にあります。結果として，就職活動に役立つ自己分析につながるように意識することが大切です。
　② 自己分析の種類
　就職活動に役立つ自己分析をするなら，さまざまな心理尺度を用いた心理テストよりも就活に必要とされる項目（興味・関心，価値観，能力・適性等）に対象をしぼっている適性検査の方が有用であるように思います。
　③ 自己分析の方法
　市販されている就職用適性検査，あるいは，大学で実施する業者委託の適性検査は，できるだけ受けておきたいものです。ただし，検査結果を鵜呑みにするのではなく，自己分析の参考資料として活用しましょう。また，自分の頭と手を動かし作業していくワークシート形式の自己分析はとても有効です。できるなら，一人よりもグループで実施すると，それぞれの考えや価値観の違い，強み・弱みなどもより明確になるでしょう。

Twenty Statements Test（基本編）

GW

問題1：以下の「わたしは」に続く文章を自由に書いてみましょう。　　（時間：5分）
5分経過後もまだ書けていない人は時間を延長して書いてください。

① わたしは _____
② わたしは _____
③ わたしは _____
④ わたしは _____
⑤ わたしは _____
⑥ わたしは _____
⑦ わたしは _____
⑧ わたしは _____
⑨ わたしは _____
⑩ わたしは _____
⑪ わたしは _____
⑫ わたしは _____
⑬ わたしは _____
⑭ わたしは _____
⑮ わたしは _____
⑯ わたしは _____
⑰ わたしは _____
⑱ わたしは _____
⑲ わたしは _____
⑳ わたしは _____

5分経過時の記入数：　　　個

Twenty Statements Test (解説編)

解説

　このTwenty Statements Test（20答法）は，略してTST，別名「Who am I?」ともいわれるテストです。まさに「私は誰？」をチェックするテストです。何が最初に頭に浮かんでくるか，人それぞれです。また，途中で筆が何回も止まった人も多かったと思います。時間制限があるとはいえ，自分自身のことですから誰よりも知っているはずですし，その数もたった20個だけでなく，何百，何千とあるはずです。それが，自分自身のことをあまり書けなかった人は，日ごろから自分自身への興味・関心が薄く，客観的に見ることができていないともいえます。逆に，たくさん書けた人は，日ごろから自分に興味・関心を持ち，客観的に見ることができており，自分のことがとても好きな人が多いようです。結果を人と比較してみて初めてそんな見方や考え方があるのだと気づく，奥の深い投影法（あいまいな刺激を与えて，それに対する反応から性格等をとらえる方法）のテストです。

分析

　まず，5分間で記述できた個数はいくつありましたか？　この個数で自分への興味・関心度がわかります。ちなみに，小学生（高学年）は平均19個で最も多く，中学生は平均14個，高校生は平均17個，大学生は平均12個と最も少ない結果が出ています。あなたは何個記述できましたか？

　次に，記述内容について分析してみましょう。ここでは以下のような対立軸で記述内容を整理・分析してみましょう。①自己紹介か自己紹介以外か，②外面（外観）か内面（気持ち）か，③肯定的か否定的か（文章だけでなく内容含む），④主観的か客観的か，⑤事実か願望か，⑥過去か現在か未来か（時間），⑦家か大学かアルバイト先か（場所），⑧人か物か（関連対象）などをチェックして，日ごろの自分の思考・行動・感情の傾向を把握してみましょう。

活用法

　就職活動につながるTwenty Statements Testの活用法を考えてみましょう。就職活動では，大きく2つの要素（興味・関心，能力・適性）を分析することがとくに重要と考えられています。そこで，最初のTSTですでに2つの要素について，いくつか記述したかもしれませんが，今度は上記2つにターゲットをしぼってTSTをもう一度やってみましょう。語尾を明確にして，再度文章を考えてみましょう。この2つを実施したあとに，記述内容から何か共通する言葉を探しましょう。それが，現時点での自分の就職活動に関する最初のキーワードとなるものです。そこから，もっと深く自己分析，業界研究，職種研究，企業研究などをさらに進めていきましょう。

Twenty Statements Test（応用編）

GW

問題2：以下の「わたしは」に続く文章を書いてみましょう。　　　　　（時間：3分）

① わたしは _____ に興味・関心がある
② わたしは _____ に興味・関心がある
③ わたしは _____ に興味・関心がある
④ わたしは _____ に興味・関心がある
⑤ わたしは _____ に興味・関心がある
⑥ わたしは _____ に興味・関心がある
⑦ わたしは _____ に興味・関心がある
⑧ わたしは _____ に興味・関心がある
⑨ わたしは _____ に興味・関心がある
⑩ わたしは _____ に興味・関心がある

GW

問題3：以下の「わたしは」に続く文章を書いてみましょう。　　　　　（時間：3分）

① わたしは _____ に能力・適性がある
② わたしは _____ に能力・適性がある
③ わたしは _____ に能力・適性がある
④ わたしは _____ に能力・適性がある
⑤ わたしは _____ に能力・適性がある
⑥ わたしは _____ に能力・適性がある
⑦ わたしは _____ に能力・適性がある
⑧ わたしは _____ に能力・適性がある
⑨ わたしは _____ に能力・適性がある
⑩ わたしは _____ に能力・適性がある

就活へのヒント

「興味・関心」ではうまく書けなかった人は，「好きである」「楽しい」「おもしろい」「ワクワクする」などの言葉に置き換えてみましょう。「能力・適性」でうまく書けなかった人は，「得意である」「うまい」「自信がある」「できる」「向いている」などの言葉に置き換えてもう一度やってみましょう。

就活において，「興味・関心」は主観的で「志望動機」につながり，「能力・適性」は客観的で「自己PR」につながっています。ぜひとも押さえておいてほしいところです。TST（応用編）で自分のキーワードは見つかりましたか？　キーワードをもとに，どんな仕事があるか考えてみましょう。

★自分のキーワード：

第4講の振り返り

GD

Ⅰ．気づいたこと・得たこと・学んだこと　　　　　　　　　　　　（時間：5分）

Ⅱ．気づいたこと・得たこと・学んだことを就活・今後にどう活用するか　（時間：5分）

GW

プラスα

TST活用法

① 　わたしの（　　　）は　……………………………………………………………。
② 　わたしの（　　　）は　……………………………………………………………。
　　　　⋮
⑳ 　わたしの（　　　）は　……………………………………………………………。

　「わたしは……」を「わたしの（　　　）は……」に変えるとまた違った効果が生まれます。たとえば，「わたしの（父親）はとても頑固です」「わたしの（母親）はとてもお節介です」「わたしの（友だち）はとても優しくて親切です」というように（　　　）を他者にすると，自分の他者に対する見方，考え方が客観的に見えてきます。また，「わたしの（強み）はだれにも負けない行動力です」「わたしの（よいところ）はとても素直なところです」というように（　　　）を対象物にすると，自分の対象物に対する見方，考え方が客観的に見え，自己PRを作成することもできるのです。

第5講

自己理解を深める II

自我状態を知る

Ⅰ．ねらい
　交流分析（Transactional Analysis：TA）を用いると簡単に自分の自我状態（心のありよう）が把握できます。自分の自我状態をエゴグラムで分析して，ふだんの日常生活における思考・行動・感情を意識して改善を目ざします。

Ⅱ．養成する社会人基礎力
　◎前に踏み出す力（アクション）→〈プラスα〉ストロークシャワー
　◎考え抜く力（シンキング）
　◎チームで働く力（チームワーク）→〈プラスα〉ストロークシャワー

Ⅲ．ワークブック活用・実施方法
　本講では，ふだんの何気ない言動をエゴグラムで分析してみましょう。人間の心には5つの自我状態（CP，NP，A，FC，AC）が存在します。その5つの自我状態をエゴグラムから解明してみましょう。プロフィールを作成して現在の自分の自我状態に気づき，そこから，何をどう改善していくのかを考えてみましょう。次に，〈プラスα〉のストロークシャワーをグループで体験してみましょう。

Ⅳ．予備知識
　交流分析（TA）は，1950年代半ばに，アメリカの精神科医であったバーン（Berne, E.）が精神分析をベースに人間性心理学を取り入れ開発した「対人関係」を扱った心理学理論です。交流分析は3つの欲求理論（ストローク，時間の構造化，人生態度）と4つの分析理論（構造分析，交流パターン分析，ゲーム分析，脚本分析）から構成されています。ここでは，「構造分析」とその機能面からさらに細かく分析する「機能分析」について勉強しましょう。

　① 構造分析
　　人には大きく分けて3つの心（自我）があり，社会のルールを遵守したり，相手をほめたりねぎらったりする親の心（Parent：P），状況判断をする成人の心（Adult：A），天真爛漫に振る舞ったり，頼ったりする子どもの心（Child：C）があります。

　② 機能分析
　　さらに，親の心を2つ（Critical Parent：CP，Nurturing Parent：NP）に，子どもの心を2つ（Free Child：FC，Adapted Child：AC）に分類する機能分析では，全部で5つの自我状態（CP，NP，A，FC，AC）のバランスをみるエゴグラムから自分の自我状態とその改善方法をみることができます。

構造分析（3つの自我状態）

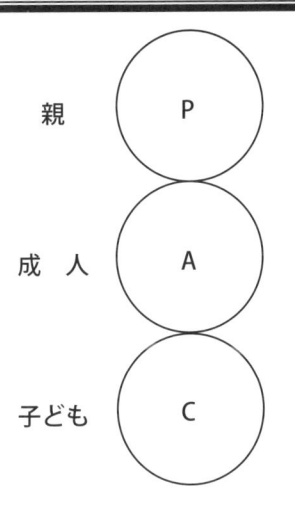

親　P　親の自我状態（Parent）
　　　　自分を育てた人たち（養育者）のような行動，発言などをする状態

成人　A　成人の自我状態（Adult）
　　　　客観的，理論的な行動，発言などをする状態

子ども　C　子どもの自我状態（Child）
　　　　子どものような考え方，行動，発言などをする状態

　構造分析を勉強すると，どんな場面で自分の思考・行動・感情が親・成人・子どもの自我状態になるのかという，自分の心の癖に気がつき，セルフコントロールがしやすくなります。また，他人が今どのような自我状態にあるのかについての理解も深まり，対人コミュニケーション力も身につくようになります。

機能分析（5つの自我状態）

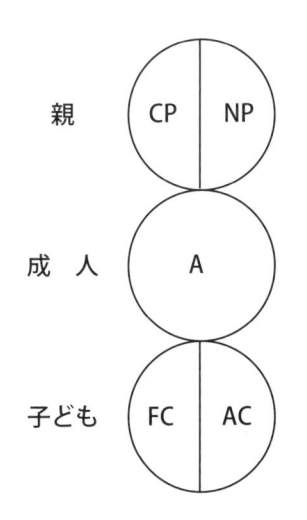

親　CP｜NP
　CP：批判的な親，支配的な親（父親）
　　　（厳格的，道徳的，権威的）
　NP：保護者的な親（母親）
　　　（優しい，育てる，世話する）

成人　A
　A：成人
　　　（論理的，客観的，合理的）

子ども　FC｜AC
　FC：自由な子ども
　　　（行動的，創造的，衝動的）
　AC：従順な子ども
　　　（素直，順応的，依存的）

　エゴグラムは，親の自我状態を父親的なCPと母親的なNPに，子どもの自我状態を自由なFCと従順なACにさらに分類して，日ごろの自分の思考・行動・感情がどのような傾向にあるのか，詳細に分析することができます。全体的なエネルギー量は一定なので，どの自我がどこでどのように出て，どの自我が出ていないのかが簡単にわかります。

エゴグラム

GW

以下のそれぞれの項目で,「自分に当てはまる」ものに○,「自分に当てはまらない」ものに×,「どちらとも言えない」ものに△をつけてください。　　　　　　（時間：20分）

CP		チェック
1	あなたは何事もきちっとしないと気がすまない方ですか。	
2	人が間違ったことをしたとき,なかなか許しませんか。	
3	自分を責任感の強い人間だと思いますか。	
4	自分の考えを譲らないで最後まで押し通しますか。	
5	あなたは礼儀,作法についてやかましいしつけを受けましたか。	
6	何事もやりだしたら最後までやらないと気がすみませんか。	
7	親から何か言われたらその通りにしますか。	
8	「ダメじゃないか」「〜しなくてはいけない」という言い方をしますか。	
9	あなたは時間やお金にルーズなことがきらいですか。	
10	あなたは親になったとき,子どもを厳しく育てると思いますか。	

NP		チェック
1	人から道を聞かれたら,親切に教えてあげますか。	
2	友だちや年下の子どもをほめることがよくありますか。	
3	他人の世話をするのが好きですか。	
4	人の悪いところよりも,よいところを見るようにしますか。	
5	がっかりしている人がいたら,なぐさめたり,元気づけてあげますか。	
6	友だちに何か買ってあげるのが好きですか。	
7	助けを求められると私にまかせなさいと引き受けますか。	
8	だれかが失敗したとき,責めないで許してあげますか。	
9	弟や妹,または年下の子どもをかわいがる方ですか。	
10	食べ物や着る物のない人がいたら,助けてあげますか。	

A		チェック
1	あなたはいろいろな本をよく読む方ですか。	
2	何かうまくいかなくても,あまりカッとなりませんか。	
3	何か決めるとき,いろいろな人の意見を聞いて参考にしますか。	
4	初めてのことをする場合,よく調べてからしますか。	
5	何かする場合,自分にとって損か得かよく考えますか。	
6	何かわからないことがあると,人に聞いたり,相談したりしますか。	
7	体の調子が悪いとき,自重して無理しないようにしますか。	
8	お父さんやお母さんと冷静によく話し合いをしますか。	
9	勉強や仕事をテキパキと片づけていく方ですか。	
10	迷信や占いなどは絶対に信じない方ですか。	

FC		チェック
1	あなたはおしゃれが好きな方ですか。	
2	みんなと騒いだり,はしゃいだりするのが好きですか。	
3	「わあ」「すげえ」「かっこいい」などの感嘆詞をよく使いますか。	
4	あなたは言いたいことを遠慮なく言うことができますか。	
5	うれしいときや悲しいときに顔や動作に自由に表すことができますか。	
6	欲しいものは,手に入れないと気がすまない方ですか。	
7	異性の友人に自由に話しかけることができますか。	
8	人に冗談を言ったり,からかったりするのが好きですか。	
9	絵を描いたり,歌を歌ったりするのが好きですか。	
10	あなたは嫌なことを嫌と言いますか。	

AC		チェック
1	あなたは人の顔色を見て,行動をとるような癖がありますか。	
2	嫌なことを嫌と言わずに,抑えてしまうことが多いですか。	
3	あなたは劣等感が強い方ですか。	
4	何か頼まれると,すぐやらないで引き延ばす癖がありますか。	
5	いつも無理をして,人からよく思われようと努めていますか。	
6	本当の自分の考えよりも親や人の言うことに影響されやすい方ですか。	
7	悲しみやゆううつな気持ちになることがよくありますか。	
8	あなたは遠慮がちで消極的な方ですか。	
9	親のご機嫌をとるような面がありますか。	
10	内心では不満だが,表面では満足しているように振る舞いますか。	

集計方法　　（○は2点,×は0点,△は1点としてブロックごとに集計する）

	CP	NP	A	FC	AC
得点					

エゴグラムプロフィール

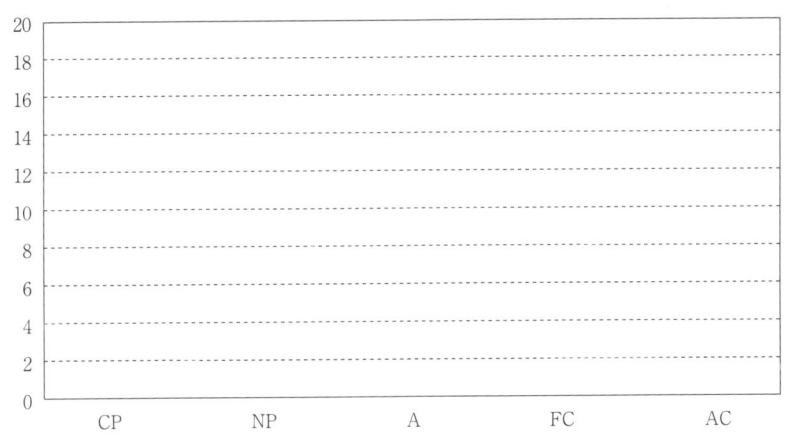

```
20
18
16
14
12
10
 8
 6
 4
 2
 0
      CP    NP    A    FC    AC
```

★各得点をエゴグラムプロフィールに記入し，線で結んで折れ線グラフを作成しましょう。

解 説

各自我の特徴については，機能分析を参照してください。①一番数値が高い自我，低い自我を見ましょう。それが自分の自我の特徴です。②全体のエネルギーを見ましょう。エネルギー量の高低は，平均値10を基準に判断しましょう。③5つの自我全体の形状について見ましょう。その形状により，ある程度パターン化したタイプに分類されます。

分 析

全体の形状タイプをいくつか分類すると，N型は，ストレスをため込みやすい献身タイプ。逆N型は，優しさに欠けるジコチュータイプ。M型は，Aが高ければ楽しい明朗タイプ，低ければ情に流されやすい非行タイプ。W型は，ストレスで病気になりやすい葛藤タイプ。ベル型（山型）は，理屈好きの合理タイプ。への字型は，人間関係を大切にする円満タイプなどに分類されます。

GD

自分の自我状態を分析してみましょう。　　　　　　　　　　　　　　　　　（時間：10分）

```
┌─────────────────────────────────────────┐
│                                         │
│                                         │
│                                         │
│                                         │
└─────────────────────────────────────────┘
```

活用法

現在の自分の自我を認識できたら，それを改善する方法を考えましょう。高い自我を下げるのはストレスが高まりますが，低い自我を上げることはそれほどむずかしくありません。CPを上げると規範性が高まり，NPを上げると思いやりができ，Aを上げると客観的判断ができ，FCを上げると楽しく行動力ができ，ACが上がると周りの話を聞くことができるようになります。具体的にCPを上げるには，何事も「～するべき」と考える，NPを上げるには，他人のために世話を焼く，Aを上げるには，常に客観的にモノを見る，FCを上げるには，好きなことをどんどんする。ACを上げるには，人の話を聞き従うとよいでしょう。

第5講の振り返り

GD

Ⅰ．気づいたこと・得たこと・学んだこと　　　　　　　　　　　　（時間：5分）

Ⅱ．気づいたこと・得たこと・学んだことを就活・今後にどう活用するか　（時間：5分）

GW

プラスα

ストローク（交流分析活用法）

　交流分析ですぐに役立つ理論があります。それは，「**ストローク**」と呼ばれる一つの刺激です。「ストローク」には，「なでる」「さする」などの意味がありますが，TAでは**相手の存在を認める言動（存在認知）**のすべてを「ストローク」と呼んでいます。たとえば，「おはようございます」「こんにちは」という**挨拶**や優しく**微笑み**かける肯定的な「ストローク」もあれば，「**叱る**」「**怒る**」などの否定的な「ストローク」もあります。また，身体に接触する「ストローク」（**手を握る，たたく**）もあります。人が幸福や不幸を感じるのは「ストローク」の出し方，受け取り方によるところが大きいものです。自分の「ストローク」の傾向を知り，日ごろから常に肯定的な「ストローク」を出したり受け取ったりできるように心がけていきたいものです。

　ストロークシャワーというワークがあります。4〜5人のグループになって，まず自己紹介をし合ってから，交代で，一人に対して他の人が順に連続して1分間ほめちぎります。たとえば，「今日の洋服はすごく素敵ですね」「目がとてもきれいです」「すごくクールに見えます」など，外見のよいところから人柄までを推測してほめましょう。言われた人は，その都度「ありがとうございます」と返事を返しましょう。肯定的な関わりがお互いの人間関係をよくすることを体験してください。

第 6 講

自己理解を深めるⅢ

性格を知る

Ⅰ．ねらい

　自分の性格を知ることは，現在の日常生活に役に立つだけでなく，遠い未来の自分の人生までも大きく左右する重要な意味を持っています。なぜなら，本質的に変わらない部分こそが，自分の生き方の中核を形成しがちだからです。自分の性格特性を知り，それを活かせる仕事や生き方を探りましょう。

Ⅱ．養成する社会人基礎力
　〇前に踏み出す力（アクション）
　◎考え抜く力（シンキング）
　〇チームで働く力（チームワーク）

Ⅲ．ワークブック活用・実施方法

　本講では，Big Five 尺度（和田，1996）を使って自分の性格を把握しましょう。この尺度は，性格を大きく5つの特性（外向性，情緒不安定性，開放性，誠実性，調和性）に分類し，各特性がどのようなバランスで構成されているかを分析するものです。だれもが5つの特性すべてを所有し，自分の思考・行動・感情が形成されています。性格特性の面から自分の長所や短所などを把握しましょう。

Ⅳ．予備知識

①　性格の意味

　性格は心理学的には，character と英訳され，感情・意思などの部分的側面を表し，人格は personality と英訳され，知能・態度・価値観などを含めた全体的な特徴を表すことが多いです。また，気質は temperament と英訳され，性格の先天的感情面が中核となっています。

②　性格の分類

　性格は，類型論と特性論に大きく分類されます。類型論とは，人をあるタイプによって性格をとらえる考え方のことで，代表的なものにクレッチマーとユングの気質論があります。類型論は人を分類するという点でわかりやすいですが，中間的なタイプはわかりづらい部分が出てきます。クレッチマーの類型論は，細長型（分裂気質で非社交的，無口），肥満型（躁うつ気質で社交的，こだわらない），闘士型（粘着気質で固くて几帳面）の3つに分類されます。また，ユングの類型論は，人の心的エネルギーが向かう方向として2つ（内向，外向），心理機能として4つの機能（思考，感情，直観，感覚）をあげ，これらの組み合わせで8つの性格類型を唱えています。

　特性論は，いくつかの特性を単位として性格が構成されているという考え方でオールポートが代表されます。特性は次元的に表現されるため，類型論と比べ，ステレオタイプになりにくいという利点があります。

Big Five 尺度（5因子）

GW

以下のそれぞれの項目は，あなた自身にどれくらい当てはまりますか。「非常に当てはまる」から「まったく当てはまらない」のうちで，自分に最も当てはまると思うところの数字に○印をつけてください。　　　　　　　　　　　　　　　　　　　　　（時間：20分）

NO	設問	非常に当てはまる	かなり当てはまる	やや当てはまる	どちらとも言えない	あまり当てはまらない	ほとんど当てはまらない	まったく当てはまらない
1	話し好き	7	6	5	4	3	2	1
2	悩みがち	7	6	5	4	3	2	1
3	独創的な	7	6	5	4	3	2	1
4	いい加減な	7	6	5	4	3	2	1
5	温和な	7	6	5	4	3	2	1
6	無口な	7	6	5	4	3	2	1
7	不安になりやすい	7	6	5	4	3	2	1
8	多才の	7	6	5	4	3	2	1
9	ルーズな	7	6	5	4	3	2	1
10	短気	7	6	5	4	3	2	1
11	陽気な	7	6	5	4	3	2	1
12	心配性	7	6	5	4	3	2	1
13	進歩的	7	6	5	4	3	2	1
14	怠惰な	7	6	5	4	3	2	1
15	怒りっぽい	7	6	5	4	3	2	1
16	外向的	7	6	5	4	3	2	1
17	気苦労の多い	7	6	5	4	3	2	1
18	洞察力のある	7	6	5	4	3	2	1
19	成り行きまかせ	7	6	5	4	3	2	1
20	寛大な	7	6	5	4	3	2	1
21	暗い	7	6	5	4	3	2	1
22	弱気になる	7	6	5	4	3	2	1
23	想像力に富んだ	7	6	5	4	3	2	1
24	不精な	7	6	5	4	3	2	1
25	親切な	7	6	5	4	3	2	1
26	無愛想な	7	6	5	4	3	2	1
27	傷つきやすい	7	6	5	4	3	2	1
28	美的感覚の鋭い	7	6	5	4	3	2	1
29	計画性のある	7	6	5	4	3	2	1
30	良心的な	7	6	5	4	3	2	1
31	社交的	7	6	5	4	3	2	1
32	動揺しやすい	7	6	5	4	3	2	1
33	頭の回転の速い	7	6	5	4	3	2	1
34	無頓着な	7	6	5	4	3	2	1
35	協力的な	7	6	5	4	3	2	1
36	人嫌い	7	6	5	4	3	2	1
37	神経質な	7	6	5	4	3	2	1
38	臨機応変な	7	6	5	4	3	2	1
39	軽率な	7	6	5	4	3	2	1
40	とげがある	7	6	5	4	3	2	1
41	活動的な	7	6	5	4	3	2	1
42	くよくよしない	7	6	5	4	3	2	1
43	興味の広い	7	6	5	4	3	2	1
44	勤勉な	7	6	5	4	3	2	1
45	かんしゃくもち	7	6	5	4	3	2	1
46	意思表示しない	7	6	5	4	3	2	1
47	悲観的な	7	6	5	4	3	2	1
48	好奇心が強い	7	6	5	4	3	2	1
49	無節操	7	6	5	4	3	2	1
50	自己中心的	7	6	5	4	3	2	1
51	積極的な	7	6	5	4	3	2	1
52	緊張しやすい	7	6	5	4	3	2	1
53	独立した	7	6	5	4	3	2	1
54	几帳面な	7	6	5	4	3	2	1
55	素直な	7	6	5	4	3	2	1
56	地味な	7	6	5	4	3	2	1
57	憂鬱な	7	6	5	4	3	2	1
58	呑み込みの速い	7	6	5	4	3	2	1
59	飽きっぽい	7	6	5	4	3	2	1
60	反抗的	7	6	5	4	3	2	1

Big Five 尺度（5因子）得点表

GW

No.	得点	No.	得点	外向性	情緒不安	開放性	誠実性	調和性
1		31						
2		32						
3		33						
*4		*34						
5		35						
*6		*36						
7		37						
8		38						
*9		*39						
*10		*40						
11		41						
12		*42						
13		43						
*14		44						
*15		*45						
16		*46						
17		47						
18		48						
*19		*49						
20		*50						
*21		51						
22		52						
23		53						
*24		54						
25		55						
*26		*56						
27		57						
28		58						
29		*59						
30		*60						
	計							
	合計							
	平均							

外向性：1，*6，11，16，*21，*26，31，*36，41，*46，51，*56
情緒不安定性：2，7，12，17，22，27，32，37，*42，47，52，57
開放性：3，8，13，18，23，28，33，38，43，48，53，58
誠実性：*4，*9，*14，*19，*24，29，*34，*39，44，*49，54，*59
調和性：5，*10，*15，20，25，30，35，*40，*45，*50，55，*60

集計方法

① 質問の番号順に○をつけた番号（得点）を記入する。ただし，*のついた質問番号は8から引いた数値を記入する（たとえば，記入値が5の場合，8－5＝3になる）。② 各得点の合計をする。③合計を項目数（12）で割り，平均値を出す。

Big Five 尺度（5因子）解説編

解 説

5つの特性について，簡単に解説しましょう。①外向性は，興味・関心が自分の外側に向いているかを，②情緒不安定性は，神経症，心配性の傾向を，③開放性は，知性・知的好奇心を，④誠実性は，勤勉性を，⑤調和性は，協調性をそれぞれ示しています。

分 析

5つの特性の得点をそれぞれみていきましょう。一番得点が高い特性，低い特性が自分の性格の特徴を示している部分です。外向性と開放性，誠実性と調和性は比較的相関が高い傾向にあるようです。注目ポイントは，情緒不安定性で，この高低が自分の心の安定度や自信度を表す指標となるものです。この得点が高いほど，不安を抱えており，自信喪失気味といえるでしょう。逆に，得点が低いと不安はそれほど抱えておらず，楽観的で自信に満ちあふれているといえそうです。

活用法

組織に属して仕事をしていくうえでは，誠実性や調和性は当然高くなければ務まらない部分はあります。この特性が低い人は，物事を地道に続ける努力や他人と一緒に協力し合って達成する気持ちを高める必要があるでしょう。

また，外向性と開放性の低い人は，物事に興味・関心をもっと持って取り組む姿勢が必要です。無関心で消極的な態度は，社会や組織から孤立してしまいかねません。能動的に活動できるように意識しましょう。

情緒不安定性が高い人は，単に性格だから仕方がないとあきらめるのではなく，自分の考え方やとらえ方を変える努力をしてみましょう。先入観や固定観念にとらわれている部分が多いはずです。そこから脱却できれば，不安要素はかなり減少し，心も安定してくるでしょう。

GD

自分の性格（Big Five 尺度）を分析してみましょう。　　　　　　　　　　（時間：10分）

第6講の振り返り

GD

Ⅰ．気づいたこと・得たこと・学んだこと　　　　　　　　　　（時間：5分）

Ⅱ．気づいたこと・得たこと・学んだことを就活・今後にどう活用するか（時間：5分）

GD

コラム

性格と価値観

　芸能人等の離婚会見で「性格の不一致」というコメントをよく聞きます。その真相は別にして，仲良く一緒にやっていくという観点からみれば，「性格」が似た者同士なら結婚生活はうまくやっていけるものなのでしょうか。また，会社組織の場合，「性格」が似た者同士が集まらないとうまく運営できないものなのでしょうか。

　ここで，問題提起したいのは，「性格」は同じでも「価値観」が違うケースや「性格」は違っても「価値観」は同じケースがあるということです。確かに，**「性格」は自分の行動指針となる「価値観」の基礎を形成する**ものですが，だからといって，必ずしも同じ「価値観」になるとは限りません。**「性格」は，先天的要素が強く，大きく変化しませんが，「価値観」は，後天的要素によって，興味・関心から生き方まで大きく変化する可能性がある**ものです。「価値観」が同じだと一緒にやっていくのは楽ですが，「価値観」が違うとずっと一緒にやっていくのはとても大変なように思えます。そうすると，先にあげた芸能人のコメントは，「性格の不一致」というよりも，「価値観の不一致」と言った方が妙に納得できるのですが。みなさんはいかがお考えでしょうか。

第7講

自己理解を深める Ⅳ

自他評価を分析する

Ⅰ．ねらい
　自分の自己評価と他者からの評価には，共通点もあれば相違点もあります。自己理解には自己分析と他者分析がとても有効となります。自分一人では気づかない点，とくに長所を発見できれば大きな成長につながります。肯定的な印象を相互に伝え合うことによって自己認知を変え，自己肯定感が持てるようになりましょう。

Ⅱ．養成する社会人基礎力
　◎前に踏み出す力（アクション）
　◎考え抜く力（シンキング）
　◎チームで働く力（チームワーク）

Ⅲ．ワークブック活用・実施方法
　本講では，最初から5人グループを作ってワークを行います。まずは，全員簡単に自己紹介をしましょう。その後に，各自が四面鏡シートの「私から見た私」に最もよく当てはまるもの5つに○をつけてください。次に，手鏡シートにグループの仲間それぞれに対して最も当てはまるもの5つに○をつけてください。それが終わったら，各自の手鏡シートを仲間に伝えていきましょう。四面鏡シートに，その印象を書き留めていきます。全員が終了したところで，四面鏡シートを見て自分自身の気づきをメモしていきましょう。それらを，グループで話し合ってみましょう。

Ⅳ．予備知識
　① 自己認知と他者認知

　簡単にいえば，自己認知は，「自分が自分をどんな人だと思っているか」で，他者認知は，「他者が自分をどんな人だと思っているか」です。この2つの差が大きい人は，自分が自分に対して持っているイメージが現実と乖離しているということです。自己認知が間違っている可能性があります。その結果，自己評価が高くなったり，低くなったりしているわけです。冷静に，他者認知・他者評価を受け入れて自己認知・自己評価を修正することも必要です。

　② 自己肯定感

　自己肯定感とは「自分はかけがえのない大事な存在である」と思える気持ちのことです。自己肯定感があれば些細なことで心が折れることはありません。さまざまなことに挑戦し，失敗しても何度でも立ち上がれるのは自己肯定感の強さによるところが大きいものです。自己肯定感の高低が，実は人間関係にも大きな影響を及ぼしているのです。自分を20％しか評価していない人は，相手のことも20％しか評価できず，自分を80％評価している人は，相手のことを80％評価することができるのです。

手　鏡

GW

以下の項目に最もよく当てはまると思われるものに5つ○をつけてください。（時間：15分）

		私から見た			
		さん	さん	さん	さん
1	何でもできそうな				
2	頭のよさそうな				
3	物わかりのよい				
4	知的な				
5	しっかりしている				
6	たよりになる				
7	信念のある				
8	責任感のある				
9	堂々たる				
10	心配りのある				
11	まじめな				
12	公平な				
13	礼儀正しい				
14	清潔な				
15	決断力のある				
16	勇敢な				
17	エネルギッシュな				
18	人情のある				
19	陽気な				
20	無邪気な				
21	人なつっこい				
22	活発な				
23	ユーモアのある				
24	好奇心旺盛な				
25	ひかえめな				

		私から見た			
		さん	さん	さん	さん
26	意志の強い				
27	味のある				
28	シャープな感性の				
29	静かな				
30	おだやかな				
31	てきぱきとした				
32	かわいい				
33	誠実な				
34	親しみやすい				
35	思いやりのある				
36	鍛えられた				
37	親切な				
38	落ち着いている				
39	やさしい				
40	愛想のよい				
41	寛大な				
42	素朴な				
43	率直な				
44	気取らない				
45	温かい				
46	物知りな				
47	我慢強い				
48	さわやかな				
49	おおらかな				
50	粘り強い				

第7講　自己理解を深めるⅣ

四面鏡

GW

以下の項目に最もよく当てはまると思われるものに5つ○をつけてください。

(時間：15分)

	私から見た私	さんから見た私	さんから見た私	さんから見た私	さんから見た私
1 何でもできそうな					
2 頭のよさそうな					
3 物わかりのよい					
4 知的な					
5 しっかりしている					
6 たよりになる					
7 信念のある					
8 責任感のある					
9 堂々たる					
10 心配りのある					
11 まじめな					
12 公平な					
13 礼儀正しい					
14 清潔な					
15 決断力のある					
16 勇敢な					
17 エネルギッシュな					
18 人情のある					
19 陽気な					
20 無邪気な					
21 人なつっこい					
22 活発な					
23 ユーモアのある					
24 好奇心旺盛な					
25 ひかえめな					

	私から見た私	さんから見た私	さんから見た私	さんから見た私	さんから見た私
26 意志の強い					
27 味のある					
28 シャープな感性の					
29 静かな					
30 おだやかな					
31 てきぱきとした					
32 かわいい					
33 誠実な					
34 親しみやすい					
35 思いやりのある					
36 鍛えられた					
37 親切な					
38 落ち着いている					
39 やさしい					
40 愛想のよい					
41 寛大な					
42 素朴な					
43 率直な					
44 気取らない					
45 温かい					
46 物知りな					
47 我慢強い					
48 さわやかな					
49 おおらかな					
50 粘り強い					

共通点・相違点をチェックしよう！

GW

〈自分〉　　　　　　　　　　　　　　　　　　　　　　　　　　（時間：15分）

　① 自己評価

　② 他者評価（4人の評価）

〈　　　さん〉

　① 自己評価

　② 他者評価（4人の評価）

〈　　　さん〉

　① 自己評価

　② 他者評価（4人の評価）

〈　　　さん〉

　① 自己評価

　② 他者評価（4人の評価）

〈　　　さん〉

　① 自己評価

　② 他者評価（4人の評価）

第7講　自己理解を深める Ⅳ

第7講の振り返り

GD

Ⅰ．気づいたこと・得たこと・学んだこと　　　　　　　　　　　（時間：5分）

Ⅱ．気づいたこと・得たこと・学んだことを就活・今後にどう活用するか　（時間：5分）

GD

プラスα

ジョハリの窓

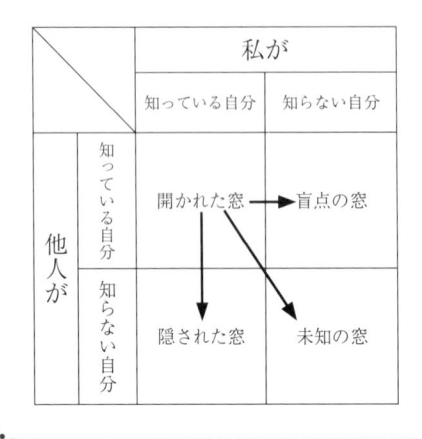

	私が	
	知っている自分	知らない自分
他人が　知っている自分	開かれた窓 → 盲点の窓	
他人が　知らない自分	隠された窓	未知の窓

「開かれた窓」を広げていくことが自らの潜在能力等に気づき，社会人基礎力を引き上げ，人生の選択肢を増やすことになるのです。そのためには，他人からの意見等を受け入れ，**「盲点の窓」**を減らし，自己開示をどんどん行って**「隠された窓」**を少なくしていくことです。そうすれば，**「未知の窓」**が開かれ，新たな自分と出会うことができるはずです。

第8講

自己理解を深めるⅤ

将来像を考える

Ⅰ．ねらい
　現在の自分を客観的に振り返るために，もう一人の自分を心の中に想定して見つめ直すことがとても有効になります。また，将来の自分のイメージや姿を想像できれば，意外とその夢や人生は具現化するものです。もう一人の自分との対話から現在の問題点や課題と向き合い，将来の夢に向けて動きだすために今何をすべきか，何ができるかを感じ取ってみましょう。

Ⅱ．養成する社会人基礎力
　○前に踏み出す力（アクション）
　◎考え抜く力（シンキング）
　○チームで働く力（チームワーク）

Ⅲ．ワークブック活用・実施方法
　本講では，まずアンジェラ・アキの「手紙～拝啓十五の君へ」の歌詞をしっかりと読んで，その感想を書いてください。原曲のCDを聴いたり，DVDを見たりすることができる環境であれば，ぜひ実施してください。次に，現在の自分（18～20歳）から約10年後の30歳の自分に向けて「夢」「仕事」「家族」などのテーマで手紙を書いてみましょう。最後に，逆に30歳の自分から現在の自分（18～20歳）に向けて返事を書いてみましょう。

Ⅳ．予備知識
　① ロールレタリングとは
　「役割交換書簡法」ともいいます。自分から相手に手紙を書いたり，逆に，相手の立場や気持ちになって相手から自分への手紙を書いたりすることで，自分の心を開き，気づきを得させる心理療法です。紙と鉛筆があり，文字を書くことができれば，だれでもこの技法を使うことができます。ロールレタリングは，ゲシュタルト療法の「エンプティ・チェア*」の技法からヒントを得て開発された技法です（*コラム「エンプティ・チェア（ゲシュタルト療法）」参照）。

　② ロールレタリングの効果
　自分の気持ちや感情がよくわからないときでも，「書くこと」によって整理し，自分が本当に思っていることや感じていることが明確になるものです。また，これまで言えなかった本音を書きつづることにより，すっきりした気持ち（カタルシス）になります。そうすれば，心も軽くなり気持ちが明るくなって，やる気も出てきたりします。自己理解が深まると，相手理解も深まり，相手を許すこともできるようになって，これまで滞っていた関係性も改善できるようになります。

「手紙～拝啓十五の君へ」　作詞・作曲　アンジェラ・アキ

拝啓　この手紙読んでいるあなたは　どこで何をしているのだろう
十五の僕には誰にも話せない　悩みの種があるのです
未来の自分に宛てて書く手紙なら　きっと素直に打ち明けられるだろう

今　負けそうで　泣きそうで　消えてしまいそうな僕は
誰の言葉を信じ歩けばいいの？
ひとつしかないこの胸が何度もばらばらに割れて
苦しい中で今を生きている　今を生きている

拝啓　ありがとう　十五のあなたに伝えたい事があるのです
自分とは何でどこへ向かうべきか　問い続ければ見えてくる
荒れた青春の海は厳しいけれど　明日の岸辺へと　夢の舟よ進め

今　負けないで　泣かないで　消えてしまいそうな時は
自分の声を信じ歩けばいいの
大人の僕も傷ついて眠れない夜はあるけど
苦くて甘い今を生きている

人生の全てに意味があるから　恐れずにあなたの夢を育てて
Keep on believing

負けそうで　泣きそうで　消えてしまいそうな僕は
誰の言葉を信じ歩けばいいの？
ああ　負けないで　泣かないで　消えてしまいそうな時は
自分の声を信じ歩けばいいの
いつの時代も悲しみを避けては通れないけれど
笑顔を見せて　今を生きていこう　今を生きていこう
拝啓　この手紙読んでいるあなたが　幸せな事を願います

JASRAC 出 1200566-201

GD

問題１：「手紙～拝啓十五の君へ」の感想を書いてみましょう。　　　　（時間：5分）

第８講　自己理解を深めるⅤ

現在の自分（18〜20歳）から未来の自分（30歳）への手紙

GW

問題2：以下の①から⑤のテーマを一つ選び，現在の自分（18〜20歳）が思っていること，考えていることを未来の自分（30歳）に向けて書いてみましょう。
①夢，②仕事，③家族，④幸福，⑤誓い　　　　　　　　　　　　（時間：25分）

　拝啓　未来の自分（30歳）へ

未来の自分（30歳）から現在の自分（18〜20歳）への手紙【返信】

GW

問題3：「現在の自分（18〜20歳）から未来の自分（30歳）への手紙」で書かれた内容に対して未来の自分（30歳）から現在の自分（18〜20歳）に向けて返事を書いてみましょう。
　　　　　　　　　　　　　　　　　　　　　　　　　　　　　　　（時間：25分）

　拝啓　現在の自分（18〜20歳）へ

第8講の振り返り

GD

Ⅰ．気づいたこと・得たこと・学んだこと　　　　　　　　　　　（時間：5分）

Ⅱ．気づいたこと・得たこと・学んだことを就活・今後にどう活用するか　（時間：5分）

GW

コラム

エンプティ・チェア（ゲシュタルト療法）

　ゲシュタルト療法は，それぞれの人格の個々の断片的部分に気づき，認め，すべてを自分のものとして一個の全体として統合することを目的としており，「**今，ここ**」の基本的立場から，「現在」―「経験」―「気づき」―「現実」を強調するものです。「エンプティ・チェア」は，**ゲシュタルト療法のワーク**の一つで，日本語では「**空の椅子**」と訳されています。具体的には，クライエントの心の中にいるもう一人の自分との対話や自分と関係のある人物（家族，友人，知人など）との対話が必要とされるときに，「**空の椅子**」に仮に**座らせて，対話させるワーク**です。自分の「今，ここ」の気持ちを正直に相手に伝えたり，逆に，相手の立場に立って，その気持ちや感情を推し量りながら話をすることにより，今まで気づかなかったことに気がついたり，見えなかったことが見えたりして，心のわだかまりを解くことができたりもします。たとえば，小学校のときに亡くした母親を「エンプティ・チェア」に座らせ，当時の自分の気持ちを伝えたり，逆に，亡くなった母親になって，当時の自分に母親としての気持ちを伝えたりすることによって，当時，**未消化であった自分の感情が浄化されて，わだかまりを解くことができたりする**のです。

第 9 講

社会人基礎力を身につける I

相互理解を深める

Ⅰ．ねらい

　社会に出て働くと，好むと好まざるとにかかわらず，人と接することが増え，人間関係をうまく構築できなければとてもたいへんな思いをすることになります。自分の気持ちや考え方を相手に理解してもらい，逆に相手の気持ちや考え方を理解して，相互理解を深めることを目的とします。また，相互の価値観を共感したり，相違を受け入れたりすることで，人にはそれぞれの価値観が存在することをグループワークを通して体感してもらいます。

Ⅱ．養成する社会人基礎力

　◎前に踏み出す力（アクション）
　◎考え抜く力（シンキング）
　◎チームで働く力（チームワーク）

Ⅲ．ワークブック活用・実施方法

　① 価値観チェックリストⅠでは，各項目に対して自分が思っている，考えている定義，またはイメージを書きます。次に，各項目に自分が大切にしている，大切にしたいこと（もの）の順番を書き入れていきましょう。つまり，優先順位をつけていくのです。そして大事なのは，その優先順位をつけた理由，根拠などを記入することです。決して，「わからない」「なんとなく」などは書かずにその理由・理屈をしぼり出して考えましょう。自分の中で，その順位をつけた理由がちゃんと筋が通るように，他人に説明できるように準備をしましょう。

　② 価値観チェックリストⅡでは，まずグループ（6～8人くらい）を作りましょう。そして，グループ内で，チェックリストⅠで記入した各自の順位を転記します。グループワークの課題は，限られた時間内で各グループの大切にしている，したいこと（もの）の順位をつけるというものです。最初に，一人ひとりなぜその順位をつけたか，口をはさむことなく，しっかり聴きましょう。全員の話を聴き終えてから，グループで話し合って，順位を決めてください。その際に，各自の順位の平均で決めたり，すぐに多数決やジャンケンなどで決めてはいけません。全員が納得して合意を得たうえで順位をつけてください。また，一人や二人が勝手にどんどん話を進めていくのもよくありません。全員参加で平等に意見を交わしながら進めていくようにしてください。ここにおいても，グループでなぜその順位をつけたのか，その理由を全員が共有・発表できるようにしましょう。

　③ 価値観チェックリストⅢでは，各グループの順位を書き写し，その理由も記入しておきましょう。グループによってその順位や理由が異なってくることもしっかりと理解し記憶にとどめておきましょう。

価値観チェックリストⅠ

GW

問題1：各項目の定義，イメージを書いてから自分が最も大切にしている，大切にしたいこと（もの）から順位をつけ，その理由・根拠を書きましょう。　　　（時間：10分）

No.	項　目	自分の思っている定義，イメージ	順　位	具体的な理由・根拠
1	勉　強			
2	自　分			
3	健　康			
4	親　友			
5	遊　び			
6	恋　人			
7	夢			
8	愛			
9	お　金			
10	家　族			

価値観チェックリストⅡ

GW

問題2：グループ内で話し合って，最も大切にしている，大切にしたいものから順位をつけ，その理由・根拠を書きましょう。　　　　　　　　　　　　　　（時間：35分）

No.	名前＼項目	自分						グループの順位	理由・根拠
1	勉　強								
2	自　分								
3	健　康								
4	親　友								
5	遊　び								
6	恋　人								
7	夢								
8	愛								
9	お　金								
10	家　族								

価値観チェックリストⅢ

GW

Ⅰ．グループワークのまとめ

各グループの順位を書き，その理由・根拠などをメモしましょう。　　　　　　（時間：15分）

No.	グループ＼項目	1	2	3	4	5	6	7	8	9	10
1	勉　強										
2	自　分										
3	健　康										
4	親　友										
5	遊　び										
6	恋　人										
7	夢										
8	愛										
9	お　金										
10	家　族										

Ⅱ．メモ

第9講の振り返り

GD

I. 気づいたこと・得たこと・学んだこと　　　　　　　　　　　　　（時間：5分）

II. 気づいたこと・得たこと・学んだことを就活・今後にどう活用するか　（時間：5分）

GD

コラム

社会人基礎力の中核は「考え抜く力」

　経済産業省（2007）の調査では，**東証一部上場企業も中堅・中小企業も大学生に対して社会人基礎力の「前に踏み出す力」を求めている**一方，みんなの就職株式会社・楽天リサーチ株式会社（2006）の調査では**「前に踏み出す力」を強みとしている大学生は少ない**という結果が出ています。これは「前に踏み出す力」が4年の大学生活で簡単に習得できるものではないことを物語っています。とくに，これまで学業や課外活動等に消極的で成功体験等が少ない学生にとっては，「前に踏み出す力」の基礎から先に養成していく必要があります。寿山（2007）が実施した大学生の就職能力調査では，「前に踏み出す力」よりも「考え抜く力」の方が低い結果が出ています。とくに，「**論理力**」という**最も重要な思考力不足が，履歴書やエントリーシートの内容，面接試験における応答などに大きな影響を及ぼし，内定取得につながっていない**と指摘しています。社会人基礎力の3能力を分析すると，「前に踏み出す力」には，「考え抜く力」がその前提にあり，「チームで働く力」には，「考え抜く力」がベースにあります。社会人基礎力の3能力は相互に関連し合っていますが，その中核は「考え抜く力」なのです。だからこそ，大学のキャリア教育で「考え抜く力」の養成が重要となるのです。これらは，「**論理行動療法**」の観点からも理にかなっているのです。

第10講

社会人基礎力を身につける Ⅱ

論理的思考力（ロジカルシンキング）を身につける

Ⅰ．ねらい

　論理的思考は，問題分析・問題解決など意思決定において，合理的な結論を導き出すのに非常に有用な思考方法です。物事を考えるうえで，最もベースとなる考え方であり，最も説得力を持つ考え方でもあります。常に自分の頭の中で考える習慣をつけ，自他を納得させる筋の通った話を展開していくためにぜひとも身につけておきましょう。

Ⅱ．養成する社会人基礎力

　○前に踏み出す力（アクション）
　◎考え抜く力（シンキング）：課題発見力
　○チームで働く力（チームワーク）：発信力，柔軟性

Ⅲ．ワークブック活用・実施方法

　論理的思考力を鍛えるためには，自分の頭の中を分類して整理することが必要です。文章ばかりだとイメージがわきにくいので，視覚的に理解しやすい図表を用いて書く（描く）ことがポイントとなります。そのためには，予備知識として，三角ロジック，ロジックツリーなどを活用するとよいでしょう。「論理的に考えるとはどういうことか」をしっかりと習得しましょう。

Ⅳ．予備知識

　①　三角ロジック

　「主張」「データ」「理由づけ」による論理を三角ロジックといいます。「主張」（言いたいこと）に対する「なぜ？」という疑問の答えが，「データ」と「理由づけ」（合わせて根拠）で示されます。逆に「根拠」に対する「それで？」という疑問の答えが「主張」（言いたいこと）になるわけです。

〈演繹法〉

　一般（根拠）から個別を導出します。とくに，理由づけが主張（言いたいこと）の根拠となります。三段論法とも呼ばれます。

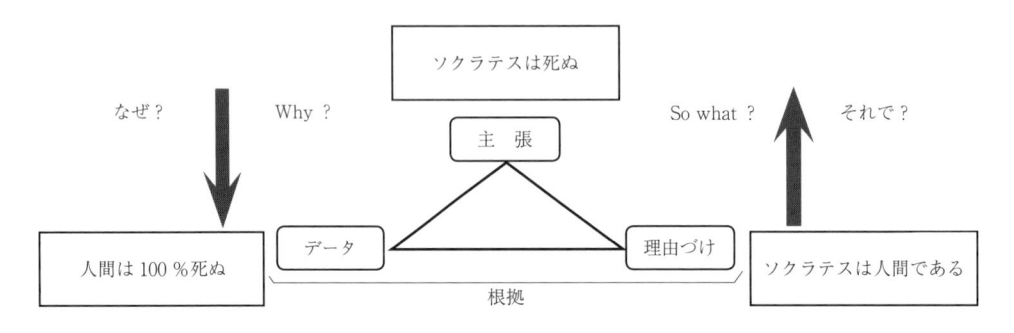

```
                    ソクラテスは死ぬ
                         │
    なぜ？    Why？      主張     So what？   それで？
      ↓                 ／＼                    ↑
                       ／  ＼
  人間は100％死ぬ    データ ── 理由づけ    ソクラテスは人間である
                       └──根拠──┘
```

〈帰納法〉

個別事例から一般論を導出します。とくに，データが主張（言いたいこと）の根拠となります。

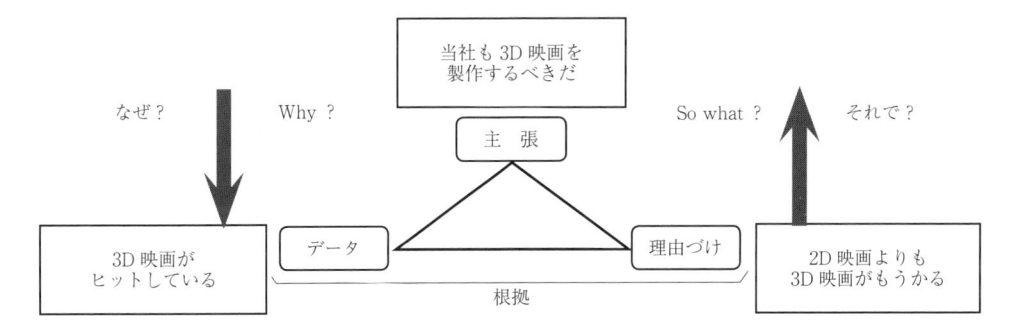

```
              当社も3D映画を
              製作するべきだ
    なぜ？ Why？        So what？ それで？
       ↓      主 張        ↑
                △
     3D映画が  データ  理由づけ  2D映画よりも
     ヒットしている              3D映画がもうかる
              └── 根拠 ──┘
```

② ロジックツリー

一つの主要概念（課題・解決策など）を論理的にその構成要素に分解して，さらにそれを同じように細かく分解していく手法です。結果的に次々と枝分かれして木のような形になっていくためロジックツリーと呼ばれています。

〈具体例〉

利益を上げる

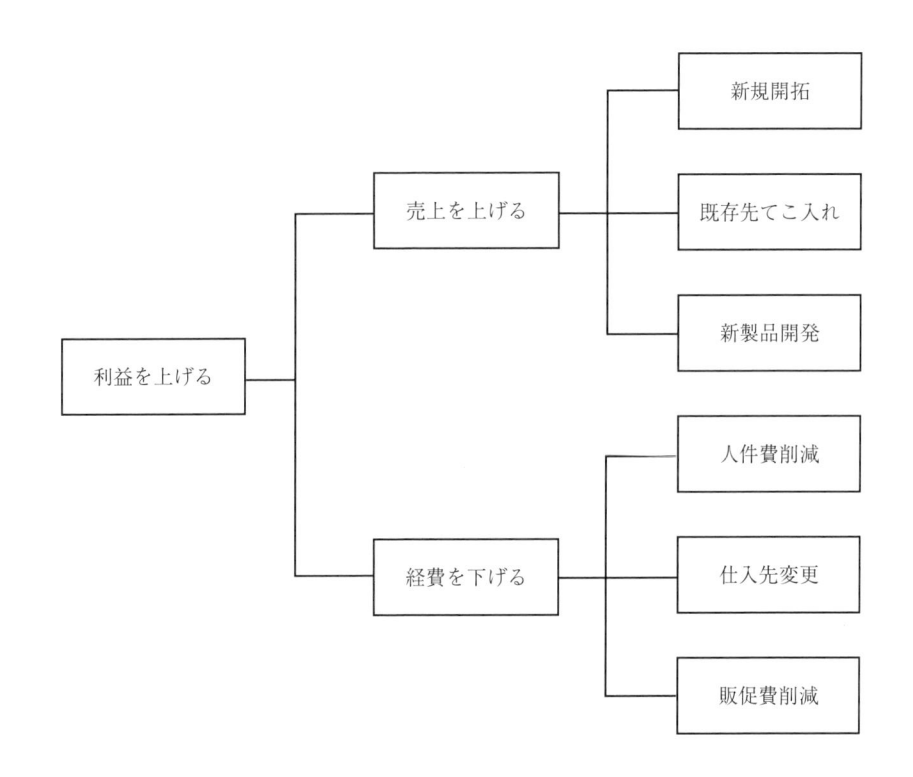

```
                        ┌── 新規開拓
              ┌─ 売上を上げる ─┼── 既存先てこ入れ
              │               └── 新製品開発
  利益を上げる ─┤
              │               ┌── 人件費削減
              └─ 経費を下げる ─┼── 仕入先変更
                              └── 販促費削減
```

三角ロジック

GW

問題1：あなたは，夏休みに旅行に行こうと思いますが，手元に先立つ資金がありません。どのように主張すればよいでしょうか。以下の空白に適当な考え方を書き入れましょう。
(時間：10分)

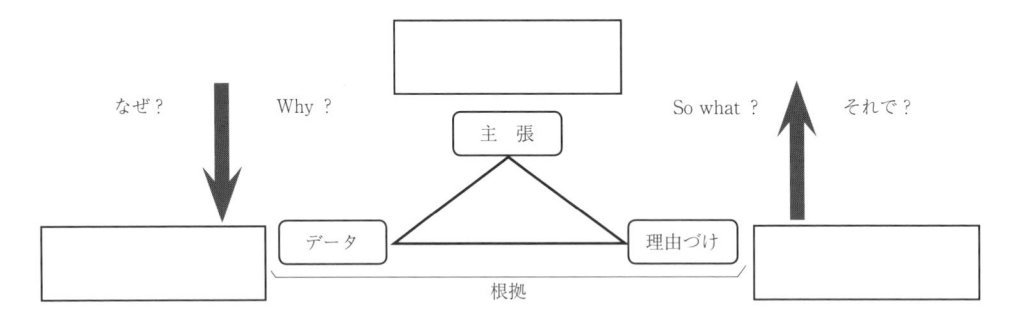

なぜ？ Why？　　　　　　　　　　　　　　So what？ それで？

主張

データ　　　　理由づけ
根拠

考えたことを論理的な文章にしてみましょう。

GW

問題2：あなたは，就職活動をするにあたり，自己PRを考えなければなりません。自分の強みやセールスポイントを考えて志望企業に主張（アピール）しましょう。以下の空白に適当な内容を考えて書き入れましょう。
(時間：10分)

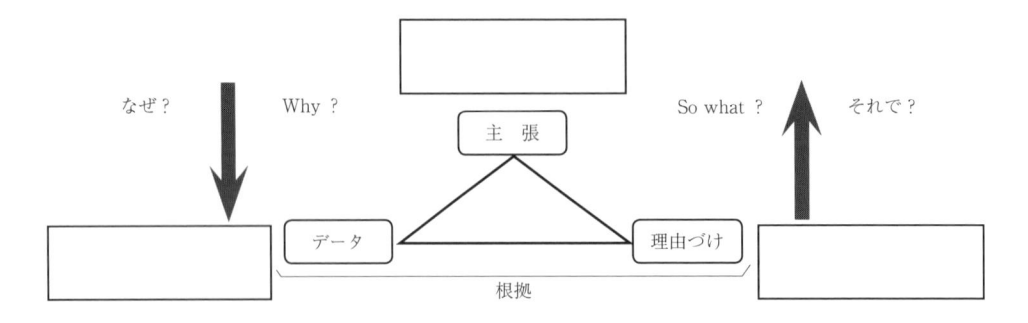

なぜ？ Why？　　　　　　　　　　　　　　So what？ それで？

主張

データ　　　　理由づけ
根拠

考えたことを論理的な文章にしてみましょう。

ロジックツリー

GW

問題3：あなたは，自分のことをもっと深く理解したいと考えています。どのように理解を深めていけばよいかを考えましょう。以下の空白にキーワードを書き入れましょう。

(時間：15分)

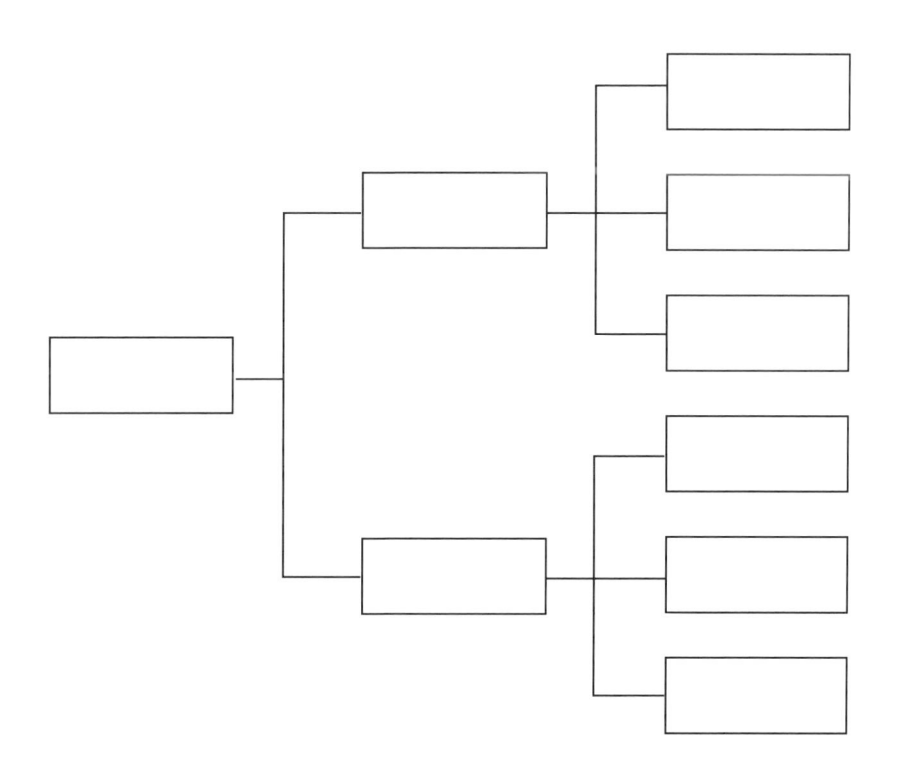

GW

問題4：問題3で完成したロジックツリーを論理的な文章にして書いてみましょう。

(時間：10分)

第10講の振り返り

GD

Ⅰ．気づいたこと・得たこと・学んだこと　　　　　　　　　　（時間：5分）

Ⅱ．気づいたこと・得たこと・学んだことを就活・今後にどう活用するか　（時間：5分）

GW

プラスα

論理パズル

A, B, Cの3人の学生がいます。服の色はそれぞれ，赤，ピンク，黒（順不同）です。(1) Cの服は黒ではない。(2) ピンク色の服の学生はCではない。(3) 黒い服の学生はAではない。それぞれの学生の服の色は？

これは，クイズのように思われますが，**アメリカの大学院ではれっきとした入試問題**として使用されている論理パズルです。情報を整理して，答えを導き出すやり方はまさに論理的思考が必要となるものです。**マトリクスで情報を整理して考える**と正解が見えてきます。図表をうまく使って自分の考え方を整理すると，答え（主張）が出やすくなります。

	赤	ピンク	黒
A			
B			
C			

第11講

社会人基礎力を身につける Ⅲ

批判的思考力（クリティカルシンキング）を身につける

Ⅰ．ねらい

批判的思考は批判的に考えるのではなく，「本当にそうなのか」「それで間違いないか」などを論理的に検証する考え方です。つまり，「正解は一つではない。答えはいろいろある」ことを知り，自分の先入観や固定観念に気づき，それらを取り除くことをねらいとしています。この考え方を身につけることができれば問題発見，問題分析，問題解決，問題提起などにとても役立つようになります。

Ⅱ．養成する社会人基礎力

◎前に踏み出す力（アクション）
◎考え抜く力（シンキング）
◎チームで働く力（チームワーク）

Ⅲ．ワークブック活用・実施方法

本講では，4コマ漫画を見て，そこに描かれている答え以外の答えを考えてみることで，自分の先入観や固定観念を取り除いてみましょう。さらに，他にどんな答え（可能性）があるかを検討し，グループで話し合ってみましょう。

Ⅳ．予備知識

① 批判的思考（クリティカルシンキング）とは

クリティカル（critical）の語源は「分ける」ことからきています。つまり，論理的か論理的でないかを「分ける」思考です。主張，データ，論拠のすべてが合理的かどうかをチェックする思考といえるでしょう。

② 批判的思考（クリティカルシンキング）のポイント

一つめは，考え方や証明方法そのものが正しいかどうか，二つめは，データや論拠自体が正しいかどうかということです。最低この二つをチェックしていけば，論理的思考がさらに精度が高まっていくでしょう。

③ 批判的思考（クリティカルシンキング）の効果

問題発見では，どこに問題があるのか，何が問題なのかが見えてきます。問題分析では，原因がどこにあるかが推測できます。問題解決では，解決方法がいろいろ出てきます。自分個人の問題においても，グループや組織の問題においても批判的思考は，目の前の壁やハードルをどのように乗り越えていけばよいかのヒントを自ら導き出せる考え方なのです。「本当にそうなのか」「それで間違いないか」「他に答えはないか」「先入観にとらわれていないか」などを検証する批判的思考をしっかりと身につけて大学生活，就職活動，ビジネス，人生に活かしましょう。

4コマ漫画

GD
問題1:「本当にそうなのか」を考えて気づいたことを書いてみましょう。　　　　（時間：5分）

③ もしや あの人の身に何か　はっ
① あっ　ガシャ
④ それもそーだ　ママが茶碗割るたびに何かあったらパパの身がもたないよ
② あーあ　パパのお茶碗　もー

ⓒ秋月りす／講談社,『クリティカル進化論』20ページより許諾を得て転載

気づいたこと

GD
問題2:「それで間違いないか」を考えて気づいたことを書いてみましょう。　　　　（時間：5分）

③ みんな緊張してきちんと座ってるだけなのに　よく30分くらいでそんなことわかるわね　？
① 恒例新入社員と社長の茶話会　もう慣れましたか？
④ 出されたケーキを食べたかどうかで判断されている　それは実のところ
② 社内報です　今年の新人の印象は？　ものおじしない行動派が多いですね今後が楽しみです

ⓒ秋月りす／講談社,『クリティカル進化論』42ページより許諾を得て転載

気づいたこと

GD
問題3:「他に答えはないか」を考えて気づいたことを書いてみましょう。　　　（時間：5分）

©秋月りす／講談社,『クリティカル進化論』カバー袖より許諾を得て転載

気づいたこと

GD
問題4:「先入観にとらわれていないか」を考えて気づいたことを書いてみましょう。

（時間：5分）

©秋月りす／講談社,『クリティカル進化論』136ページより許諾を得て転載

気づいたこと

１コマ漫画

GW

問題５：以下の１コマ漫画を見て吹き出しに自由に３通りのやりとりを書いてみましょう。

（時間：10分）

©秋月りす／講談社，『クリティカル進化論』33ページより許諾を得て転載

状況・根拠説明

①パターン：

②パターン：

③パターン：

GW

問題６：以下の１コマ漫画を見て吹き出しに自由に３通りのやりとりを書いてみましょう。

（時間：10分）

©秋月りす／講談社，『クリティカル進化論』28ページより許諾を得て転載

状況・根拠説明

①パターン：

②パターン：

③パターン：

第11講の振り返り

GD

Ⅰ．気づいたこと・得たこと・学んだこと　　　　　　　　　　　（時間：5分）

Ⅱ．気づいたこと・得たこと・学んだことを就活・今後にどう活用するか　（時間：5分）

GW

コラム

絵画統覚テスト（TAT）とP-Fスタディ

　絵画統覚テスト（thematic apperception test：TAT）とは，マレー（Murray, H. A.）とモーガン（Morgan, C. D.）によって1935年に発表された**投影法に属する人格診断テスト**です。TATは30枚の会話図版と1枚の白紙カードを利用します。会話図版はほとんど人物を含んだドラマチックな構図になっていて，絵を見て何でも自由に話をしてもらいます。**受検者に対する空想力テスト**です。診断方法は，話の主人公は誰でどんな特徴を持っているか，主人公の欲求・意図，行動の種類，欲求の対象，そしてその現実性や情動性などを分析します。

　P-Fスタディ（絵画・欲求不満テスト）は，ローゼンツァイク（Rosenzweik, S.）によって，**欲求や怒りの表現を測定するために考案された投影法による人格検査**です。

　だれもが日常的に経験するような軽い欲求不満場面がマンガ風に描かれている24枚の絵を使って行われます。各場面には2人の人物が描かれており，左側の人物が右側の人物を欲求不満に陥れるような言葉が吹き出しに描いてあります。それに受検者がどのように反応するかを右側の人物の空白になっている吹き出し部分に自由に書き込んでいきます。受検者がどのように反応するか，「攻撃の方向」と「反応の型」の二次元の組み合わせによって採点されます。

第12講

社会人基礎力を身につける Ⅳ

創造的思考力（クリエイティブシンキング）を身につける

Ⅰ．ねらい
　創造的思考を身につけるには，既存概念にとらわれず，常に新しい視点で物事をみていくことです。創造的思考は，自らの記憶や考え方をいかに組み合わせていくかがポイントです。もちろん，考える力の原点である論理的思考がベースであることはいうまでもありません。脳細胞のように自分のいろいろな記憶を想起し，それぞれを結びつける力，つなげる力が新たな創造性を生むのです。自分の引き出しを増やすことは重要ですが，すぐに引き出せるようにすることの重要性を体験しましょう。

Ⅱ．養成する社会人基礎力
　◎前に踏み出す力（アクション）
　◎考え抜く力（シンキング）
　◎チームで働く力（チームワーク）

Ⅲ．ワークブック活用・実施方法
　本講では，創造的思考力を楽しみながら身につけるトレーニングとして，「なぞかけ」と「川柳」を体験してみましょう。まずは，それぞれの約束事をしっかりと学んでから例題を解いていきます。その後は，自分の体験を基にオリジナル作品を創ってみましょう。最初は，時間がかかってしまい，なかなかうまくいかないこともあるでしょうが，コツさえつかめば，意外と簡単にできるものです。作品がどういう状況なのかを解説することでより深く理解できるようになります。自分が創った作品についてグループで話し合ってみましょう。

Ⅳ．予備知識
　①　なぞかけ

　「**国会**と掛けて**献血**と解く，その心は，どちらも**サイケツ**（採決，採血）があります」というのが落語家などが余興でするなぞかけです。なぞかけは「〇〇（お題）と掛けて，××と解く，その心は，□□」という公式に当てはめて文章を作るものです。考え方として，〇〇と××，一見何の関係もない言葉を選び，〇〇と××の共通点□□をオチにするわけです。

　　＊なぞかけの作り方
　（1）お題に関連するキーワードを思い浮かべる。
　（2）キーワードの共通点（オチ）を探す。
　（3）なぞかけの公式に当てはめる。
　②　川柳（せんりゅう）

　川柳は，五・七・五音のリズムで人情を詠む，人や社会を風刺する口語による世界で一番短い定型詩の一つです。俳句と違う点は，季語や切れ字もなく，字余りも許されるなど比較的自由に創作できるところです。

なぞかけ

GW
問題1：共通する言葉として他に何があるか考えてみましょう。　　　　（時間：10分）
　① 同じ言葉→例）ドライバー（運転手・ネジ回し），リング（指輪・試合場）

　② 同音異義語→例）公開・後悔・航海・更改・公海，仮定・家庭・課程・過程

　③ 動詞→例）あげる（上げる・挙げる・揚げる），ひく（弾く・轢く・挽く・引く）

GW
問題2：以下の（　　　）に何が入るか書いてみましょう。　　　　　　（時間：10分）
　①「告白と掛けて，裁判と解く，その心は（　　　　　　　　　　　　　　　）」
　②「医者と掛けて，NHKと解く，その心は（　　　　　　　　　　　　　　　）」
　③「和食と掛けて，天然物と解く，その心は（　　　　　　　　　　　　　　）」
　④「労働者と掛けて，食堂のメニューと解く，その心は（　　　　　　　　　）」
　⑤「相撲と掛けて，花見と解く，その心は（　　　　　　　　　　　　　　　）」

GW
問題3：以下のお題からなぞかけを作りましょう。　　　　　　　　　　（時間：15分）
　① 大学と掛けて，（　　　　　）と解く，その心は（　　　　　　　　　　　）

＊解説：

　② 大学生と掛けて，（　　　　　）と解く，その心は（　　　　　　　　　　）

＊解説：

　③ 大学生活と掛けて，（　　　　　）と解く，その心は（　　　　　　　　　）

＊解説：

GD
問題4：なぞかけの感想等　　　　　　　　　　　　　　　　　　（時間：5分）

川柳（せんりゅう）

事例1：『サラリーマン川柳』より
　①「うつむいて　昔居眠り　今メール」苦労多
　②「女子力が　草食男子に　活（かつ）を入れ」独楽
　③「婚活は　昔こっそり　今堂々」春よ来い
　④「変更で　自分も入れぬ　パスワード」セキュリティ魔

事例2：『健康川柳』より
　①「お医者さん　データじゃなくて　私診（み）て」德留節
　②「悩んでも　悩まなくても　朝は来る」たるちゃん
　③「同窓会　いくつになったと　年聞かれ」増石民子
　④「豊満と　肥満の境　紙一重」東谷日出男

GD
問題5：事例1，2の川柳の感想等　　　　　　　　　　　　　　（時間：5分）

GW
問題６：以下のサラリーマン川柳の（　　）に何が入るか書いてみましょう。

(時間：15分)

① 「久しぶり　ハローワークで（　　　　　　　　　　　　　　　）」

② 「名刺より　診察券が（　　　　　　　　　　　　　　　　　　）」

③ 「転職を　何回すれば（　　　　　　　　　　　　　　　　　　）」

④ 「携帯に　終わった恋を（　　　　　　　　　　　　　　　　　）」

⑤ 「メール打つ　速さで仕事が（　　　　　　　　　　　　　　　）」

GW
問題７：以下のお題から川柳を作ってみましょう。　　(時間：15分)

① 大学生

「　　　　　　　　　　　　　　　　　　　　　　　　　　　　　」

「　　　　　　　　　　　　　　　　　　　　　　　　　　　　　」

「　　　　　　　　　　　　　　　　　　　　　　　　　　　　　」

② 大学生活

「　　　　　　　　　　　　　　　　　　　　　　　　　　　　　」

「　　　　　　　　　　　　　　　　　　　　　　　　　　　　　」

「　　　　　　　　　　　　　　　　　　　　　　　　　　　　　」

③ その他（自由に創作）

「　　　　　　　　　　　　　　　　　　　　　　　　　　　　　」

「　　　　　　　　　　　　　　　　　　　　　　　　　　　　　」

第12講の振り返り

GD

Ⅰ．気づいたこと・得たこと・学んだこと　　　　　　　　　　　　（時間：5分）

Ⅱ．気づいたこと・得たこと・学んだことを就活・今後にどう活用するか　（時間：5分）

GW

コラム

マインドマップ

　「マインドマップ」は，トニー・ブザン（2005）が提唱した「**自分の考えを絵で整理する表現方法**」で，脳の思考を開放するといわれている「**放射思考**」に基づいて考案された，従来とは全く違う**ノート術・発想術**です。天才レオナルド・ダ・ヴィンチやアインシュタインらの思考表現を国際的に定型化したものでもあります。ルイヴィトン，ウォルトディズニー，マイクロソフト，コカコーラ，IBM，ボーイングなど有名企業がビジネスの現場でマインドマップを導入・活用しています。その効用は，**記憶力・集中力・クリエイティビティ（創造力）・インスピレーション（直感力）**のアップ，目標計画の立案／**達成力・コミュニケーション力・交渉力・プレゼン力**などの養成，人生／キャリアのコントロールなど多岐にわたっています。

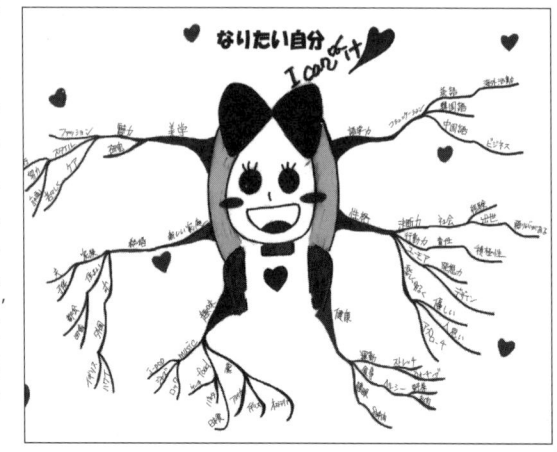

第13講

社会人基礎力を身につけるⅤ

総合力を身につける

Ⅰ．ねらい

　企業や公共団体などの組織ではチームを組んで業務を遂行することがほとんどです。組織の全体の方向性を踏まえて，考え方や価値観の違う複数の人間の中で自分がどんな役割を果たすことができるのか，果たさなければならないのかを考えて行動しなければなりません。自分勝手な言動を慎み，協力し合うことが組織の中で働くには最低限のルールです。制約がある中での問題解決を実際にグループワークを通して体験し，今後の自分の課題を発見しましょう。

Ⅱ．養成する社会人基礎力

　　◎前に踏み出す力（アクション）
　　◎考え抜く力（シンキング）
　　◎チームで働く力（チームワーク）

Ⅲ．ワークブック活用・実施方法（講師は情報カードをコピーして授業で使用してください）

　本講では，5～6人のグループを作り，グループごとに情報が記載されているカードを人数で均等に分け，その情報を口頭で相互に説明し合いながら，課題を達成するワーク（準備物：模造紙，5色以上のカラーペン，メモ用紙）を行います。グループワークのタイトルは，「戦国村を探れ！」です。グループワークを行ううえでの注意点は大きく2点あります。①カードは他人に見せないこと，②聞いた情報は丸ごと全部書き写さないこと（メモ，記号，図表等はOK）。制限時間内に全員が協力し，知恵を出し合って課題を達成できるようにしましょう。下記の予備知識を読んだら，本書をしまって講師の指示にしたがってください。

Ⅳ．予備知識

　① 情報収集の考え方

　早く正確に情報収集できる方法を考えましょう。そのためには，まず，何のための情報収集なのか，その目的を明確にすることです。この目的を遂行するために必要な最低限の情報を収集することが重要です。次に，収集した情報の出所をしっかりと把握しておきましょう。情報源は常に確認できるようにしておきましょう。また，その情報の真偽も確かめる必要があります。与えられた情報等も頭から信じ過ぎないことも大切です。

　② 情報分類の仕方

　情報収集できたら，収集した情報の整理が必要となります。情報収集の段階からテーマや項目ごとに分類しておくと情報分析が早くできるのはいうまでもありません。テーマや項目ごとに分類した情報は，収集した目的に合わせてどの場所，どの時点で使用するのか，使用できるのかを考えて，さらに細かく振り分けていくことがポイントです。情報分類は，その情報の真偽を確認するだけでなく，達成すべき目的に必要な重要度や立証力なども計り，整理しておくことが大切です。

情報カードⅠ

木造2階建てロッジの隣の家にブドウの木がある	村人はすべて造りが異なった家に住んでいる	イヌは隣の家のサルと仲が悪い
村の東端に住んでいる人はネコを飼っている	課題はクリの木を所有している人の名前である	カキの木がある家の隣の家には緑色のジープがいつも駐車している
上杉さんは村の北端にある木造2階建てロッジに住んでいる	村の西端のかやぶき合掌造りに住んでいる豊臣さんはサルを飼っている	村人は庭にそれぞれ違う種類の木を植えている
課題は黄色の軽トラックを所有している人の名前である	木造2階建てロッジに住んでいる人の庭にはカキの木とキツネ小屋がある	カナディアンログハウスにタヌキがいる
洋風赤レンガの家の庭にはナシがなっている	村人の家は半円形に並んでいる	カナディアンログハウスの隣の家の人は赤色のスポーツカーに乗っている

情報カードⅡ

鉄骨三階建てのガレージには黒のミニバンがある	村人は各自違う乗り物を所有している	庭にブドウがなっている家の隣の人の名前は徳川さんである
課題は村の北東に住んでいる人の名前である	徳川さんと武田さんは隣同士に住んでいる	かやぶき合掌造りの隣の家の人は青色の750バイクに乗っている
戦国村の住人は5人である	織田さんの日課はイヌの散歩である	村には冷たい北西の風が吹くことがある
村人は動物を飼っているが，皆違う動物を飼っている	洋風赤レンガの隣の家の庭に熟したモモが落ちている	課題は村の様子を具体的に絵にして描くことである
イヌは自分の家のナシが大好物である	ネコは鉄骨3階建ての家に飼われている	タヌキは隣の家のカキをよく盗む

戦国村を探れ！

GW

（時間：40分）

準 備
①事前に情報カードⅠ，Ⅱをコピーして切り分けてグループ分作成しておきます。
②事前にグループ分の準備物（模造紙，5色以上のカラーペン，メモ用紙）を用意しておきます。
③グループ分け（5人または6人）を行い，全員本書をしまって待機します。
④グループごとに情報カードと準備物を配布して，以下の指示にしたがってください。

指 示
・全員で協力しあって課題を解決してください。
・課題は情報カードの中に含まれています。
・課題達成の**制限時間は40分**です。
・情報カードを人数分均等に裏返しして配布してください。
・情報カードを口頭で伝達し合ってください。
・他人にカードを見せてはいけません。
・情報カードの全文を書き写してはいけません。
・メモはキーワード程度（記号，図表，イラスト含む）ならOKです。
・制限時間を過ぎても解決できないときは，適宜時間を延長してください。

課 題

第13講の振り返り

GD

I．気づいたこと・得たこと・学んだこと　　　　　　　　　　　　（時間：5分）

II．気づいたこと・得たこと・学んだことを就活・今後にどう活用するか　（時間：5分）

GD

コラム

コミュニケーションで大事なこと

　コミュニケーションは，**双方向性**のものであって，一方通行であってはいけません。意思の疎通ができてこそ初めて意味があるのです。その代表としてたとえられるのが野球の**キャッチボール**です。野球の基本中の基本ですが，やってみると結構むずかしいものです。相手がグラブを構えたところにボールを投げる。相手が易しく受けられるような球を投げないといけません。受け取る側も相手が投げやすいようにここに投げてほしいという目印をはっきりと見せる必要があります。**双方に相手を気遣う優しさ**がいるのです。相手の手の届かないところに投げたり，受けにくいワンバウンドや強いボールを投げたりすると恐怖心を与えてしまいます。また，変化球などいきなり投げると相手はびっくりします。相手が容易に受け取れるボールを投げるのがキャッチボールなのです。コミュニケーションは**相手の反応をしっかりと見ること**が重要です。ボール（言葉）を投げる人の一連の動作をしっかりと見ると，ぐっと受け取りやすくなります。相手をしっかりと観察し，どこに投げようとしているのか，どれくらいの強さか予測できれば，多少予測から外れていても，受け取ることができるのです。とくに，相手の視線，表情などを観察していると，その言葉の本当の意味が理解でき，正面で受け止められるようになります。

第14講

自己理解をまとめる

自己理解をまとめる

Ⅰ．ねらい

「自己理解編」の総まとめをしましょう。これまでの気づきをもう一度整理しましょう。整理することにより，学んだ当初に気づかなかったことも，新たな発見が出てくるものです。さらに，それらも含めて今後の大学生活，就職活動にも役立てられるようにまとめておきましょう。

Ⅱ．養成する社会人基礎力

◎前に踏み出す力（アクション）
◎考え抜く力（シンキング）
◎チームで働く力（チームワーク）

Ⅲ．ワークブック活用・実施方法

本講では，第1講から第13講までの〈気づいたこと・得たこと・学んだこと〉および〈気づいたこと・得たこと・学んだことを就活・今後にどう活用するか〉を一覧表に書き写していきましょう。分量が多い場合は，重要な部分をまとめましょう。次に，それぞれの講ごとに，新たな気づきやコメントを書いていきましょう。一番最後のページでは，現在の自分の興味・関心，能力・適性をしっかり熟考して就職活動までにやるべきことを書き出してみましょう。

Ⅳ．予備知識

① 気づき（awareness）

交流分析では，現在起こりつつあることを知っているというプロセスをいいます。具体的にいうと，自分が今，緊張しているとか，落ち込んでいるとか，リラックスしているとかにちゃんと気づいているということです。つまり，「今ここ」の現実をしっかり感じ取れているということです。すると，その状況に対して，次に自分がどのように対処すればよいかわかるようになっていくものです。ただし，いくら気づきがあっても，それを実行に移さないことには，結果として気づかなかったことと変わりはないことを覚えておきましょう。

② PDCA

Plan（計画），Do（実行），Check（評価），Act（改善）の頭文字を取った循環サイクルのことをいいます。典型的なマネジメントサイクルの一つで，Plan（計画），Do（実行），Check（評価），Act（改善）のプロセスを順に実施するものです。最後のActはCheckの結果から，最初のPlanの内容を継続・修正・破棄をして，次回のPlanに結びつけていくものです。このプロセスを繰り返すことによって，商品やサービス等の品質維持・向上を推進していくのです。これは，商売だけに当てはまるものではなく，自分自身の日常生活においても，Plan（計画），Do（実行），Check（評価），Act（改善）を実践して，自らの望む人生，夢・目標を実現していくことに活用できるものなのです。

ワークブックまとめ一覧表（第1講～第3講）

（時間：10分）

GW

	第1講	第2講	第3講
気づいたこと・得たこと・学んだこと			
気づいたこと・得たこと・学んだことを就活・今後にどう活用するか			

新たな気づき

第14講　自己理解をまとめる

ワークブックまとめ一覧表（第4講～第8講）

（時間：15分）

GW

	第4講	第5講	第6講	第7講	第8講
気づいたこと・得たこと・学んだこと					
気づいたこと・得たこと・学んだことを就活・今後にどう活用するか					

新たな気づき

ワークブックまとめ一覧表（第9講〜第13講）

(時間：15分)

GW

	第9講	第10講	第11講	第12講	第13講
気づいたこと・得たこと・学んだこと					
気づいたこと・得たこと・学んだことを就活・今後にどう活用するか					

新たな気づき

第14講　自己理解をまとめる

第14講の振り返り

GD

Ⅰ．本書により気づいたこと・得たこと・学んだこと　　　　　　　　（時間：5分）

Ⅱ．自分の興味・関心（方向）　　　　　　　　　　　　　　　　　　（時間：5分）

Ⅲ．自分の能力・適性（強み）　　　　　　　　　　　　　　　　　　（時間：5分）

Ⅳ．就活までにやるべきこと　　　　　　　　　　　　　　　　　　　（時間：5分）

GW

コラム

履歴書の話

　履歴書は，市販のものよりも大学で販売している自学仕様の履歴書がベターです。大学生用に作成してありますので，ゼミや卒論のこと，学生時代に頑張ったことなど，自己PRできる箇所がたくさんあるからです。履歴書作成のポイントは，とにかく，**一字一句気持ちを込めてていねいに書くこと**です。誤字は修正液を使わず新たに書き直すのは常識です。記入欄には，字の大きさや余白を十分考慮して見た目にもバランスよくきれいに書きましょう。大きすぎる字も小さすぎる字もよくありません。これまで自己分析・企業研究してきたことなど伝えたいことをわずかなスペースに漏れなく書くためには，**だれが見ても論理的で読みやすい文章に仕上がるまで何度も下書きをすること**です。下書きができたら，キャリアセンターに行って添削やアドバイスをしてもらうとより客観的で説得力のある履歴書に変身することでしょう。また，専門のキャリアカウンセラーがいるなら，一度チェックを受けておけば，自信を持って企業訪問ができるはずです。

付　録

ライフラインチャート～より深い自己分析をするために～

作成方法
(時間：60分)

心の満足度は，0から上がプラス（楽しかった，嬉しかった，満足した），下がマイナス（悲しかった，つらかった，満足しなかった）で曲線を描きます。山や谷にあった出来事を思い出しながら，「記憶に残った理由」「得たこと・学んだこと」を整理して自分の「興味・関心」「能力・適性」をまとめてみましょう。曲線は後から描いても修正してもかまいません。

	出生～小学校	中学	高校	大学
記憶に残った出来事				
記憶に残った理由				
得たこと・学んだこと				
興味・関心				
能力・適性				
心の満足度高い　+10〜0				
心の満足度低い　0〜−10				

アイスブレイキング

問題Ⅰ：下図の女性は何歳に見えますか。 （時間：1分）

（　　　歳）

問題Ⅱ：9つの点を4つの直線を使って一筆書きで結んでください。 （時間：3分）

問題Ⅲ：空白に数字を入れてください。　　　　　　　　　　　　　　　　　（時間：5分）

① すべてのタテ列，ヨコ列に1～9までの数字が必ず一つ入る
② 太線で囲まれたタテ3×ヨコ3のブロックに1～9までの数字が必ず一つ入る
③ 同じ列，同じブロックに，同じ数字は二つ以上入らない

	2	1	7		9	5	4	
8			6	5				1
	4		8	1	2		6	
	5	7					9	8
2			4	7	1			3
	6			5			1	
4	3						9	6
5			3		4			2
	7	8	1	2	6	4	3	

問題Ⅳ：A，B，Cの3人の名前を当ててください。　　　　　　　　　　（時間：5分）

★3人の女子大生（カオル，ジュン，ユミ）がいます。

A「Bがカオルです」
B「Cがカオルです」
C「Aがジュンです」

少なくともカオルは真実を述べています。

解答： A（　　　　），B（　　　　），C（　　　　）

問題解答例

第10講

問題1：

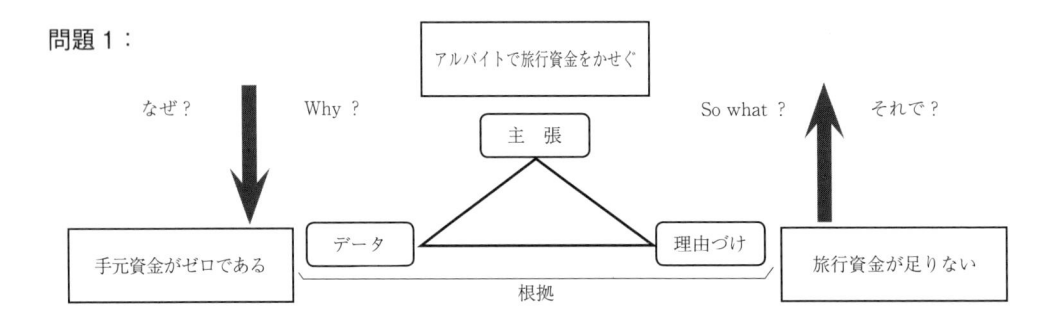

```
                アルバイトで旅行資金をかせぐ
   なぜ？  Why？          ↓        So what？  それで？
                       主 張
                      ／   ＼
   手元資金がゼロである  データ ─── 理由づけ    旅行資金が足りない
                      ＼ 根拠 ／
```

論理的文章 「手元資金がゼロで旅行資金が足りないためアルバイトで旅行資金をかせぐ」

問題2：

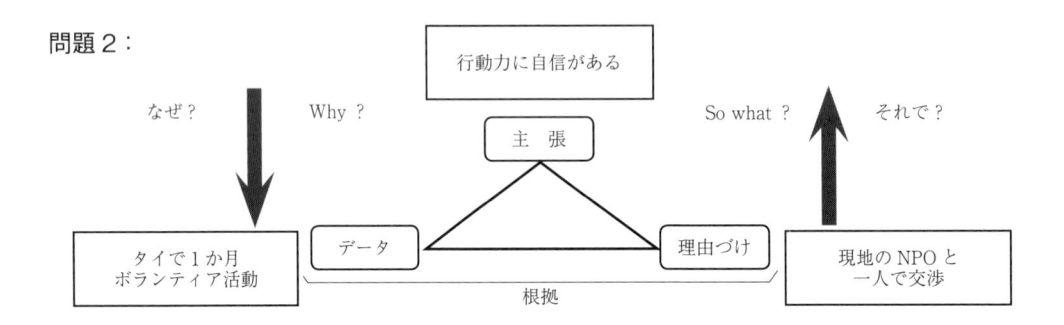

```
                   行動力に自信がある
   なぜ？  Why？          ↓        So what？  それで？
                       主 張
                      ／   ＼
   タイで１か月       データ ─── 理由づけ     現地のNPOと
   ボランティア活動                          一人で交渉
                      ＼ 根拠 ／
```

論理的文章 「タイのNPOと一人で交渉して１か月ボランティア活動を行ったことから
　　　　　　行動力には自信がある」

問題3：

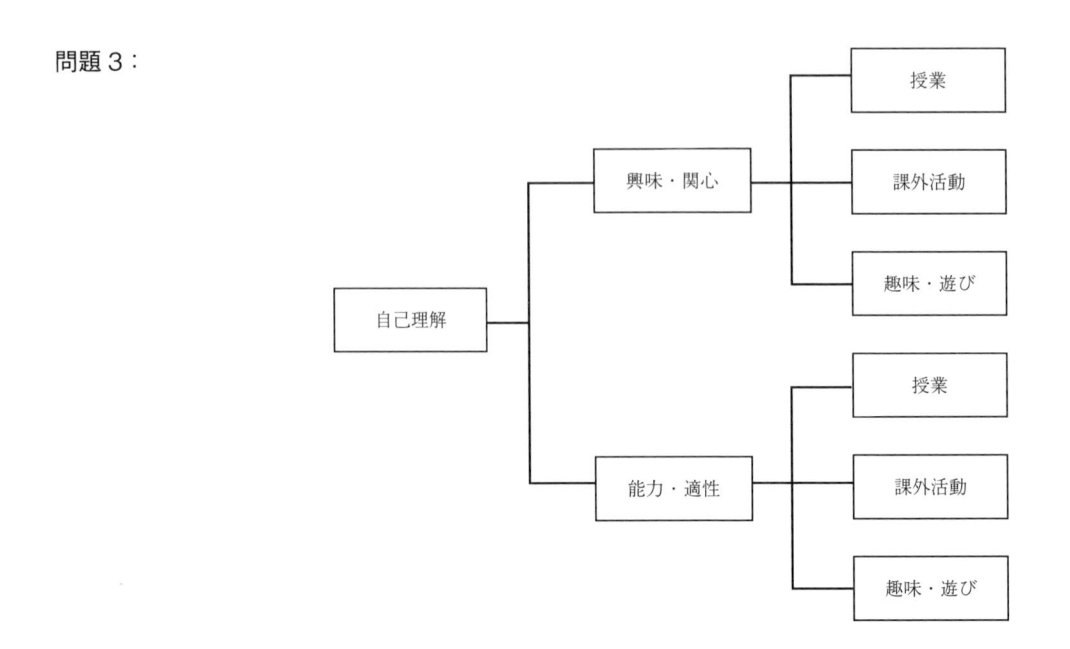

```
                        ┌─ 授業
                ┌ 興味・関心 ─┼─ 課外活動
                │           └─ 趣味・遊び
   自己理解 ─┤
                │           ┌─ 授業
                └ 能力・適性 ─┼─ 課外活動
                            └─ 趣味・遊び
```

論理的文章　「自己理解を深めるには大きく二つのことを理解することが重要と考える。一つは，自分の興味・関心。もう一つは，自分の能力・適性である。いずれも，大学の授業や課外活動，趣味や遊びについて深く分析していくことが肝要ではないかと考える」

〈プラスα〉　論理パズル

	赤	ピンク	黒
A	×	○	×
B	×	×	○
C	○	×	×

第12講

問題1：
① 同じ言葉→ホース（管・馬），スプリング（バネ・春）
② 同音異議語→花・鼻，雨・飴，雲・蜘蛛，端・橋・箸，石・意志・医師
③ 動詞→とる（取る・採る・撮る・捕る），きく（聞く・聴く・訊く・効く）

問題2：
①「告白と掛けて，裁判と解く，その心は（交際［高裁］に発展することもあるんです）」
②「医者と掛けて，NHKと解く，その心は（受診［受信］にお金がかかります）」
③「和食と掛けて，天然物と解く，その心は（洋食［養殖］ではありません）」
④「労働者と掛けて，食堂のメニューと解く，その心は（定職［定食］は欠かせません）」
⑤「相撲と掛けて，花見と解く，その心は（関取［席取り］が必要です）」

問題6：
①「久しぶり　ハローワークで　（同窓会）」転起
②「名刺より　診察券が　（重くなる）」あれから四十年
③「転職を　何回すれば　（天職に）」奈良奈良雄
④「携帯に　終わった恋を　（置き忘れ）」健忘人
⑤「メール打つ　速さで仕事が　（なぜ出来ぬ）」年末調整

第 13 講

解答

① 課題は黄色の軽トラックを所有している人の名前である。
　→豊臣さん

② 課題は村の北東に住んでいる人の名前である。
　→武田さん

③ 課題はクリの木を所有している人の名前である。
　→徳川さん

④ 課題は村の様子を具体的に絵にして描くことである。

イラスト：岡田真理子

参考

マトリクスで情報を整理する。

名前	家	乗り物	木	動物	方角
豊臣	かやぶき合掌造り	黄色の軽トラック	モモ	サル	西
織田	洋風赤レンガ	青色の750バイク	ナシ	イヌ	北西
上杉	木造2階建てロッジ	赤色のスポーツカー	カキ	キツネ	北
武田	カナディアンログハウス	緑色のジープ	ブドウ	タヌキ	北東
徳川	鉄骨三階建て	黒色のミニバン	クリ	ネコ	東

アイスブレイキング

問題Ⅰ：

解答

各自の出した年齢がすべて正解です。

解説

このだまし絵は「老婆と若い女性」の二人の顔が見えるのはご存知だと思います。つまり、「視点を変える」ことでまったく別のことが初めて見えることに意味があるのです。しかし、ここでの問題は、そのことに触れず、ただ何歳かをたずねています。これは、同じ絵を見ても各自が抱くイメージはバラバラであり、たとえば、若い女性の年齢も10歳代から40，50歳代に見える人がいますし、老婆にしても、60歳代から100歳代まで見える人がいるわけです。個人個人によって、とらえ方、感じ方が違うということを理解してもらいたいのです。

教訓

① 視点を変えることの重要性
② 人はとらえ方・感じ方はみな違う

問題Ⅱ：

解答

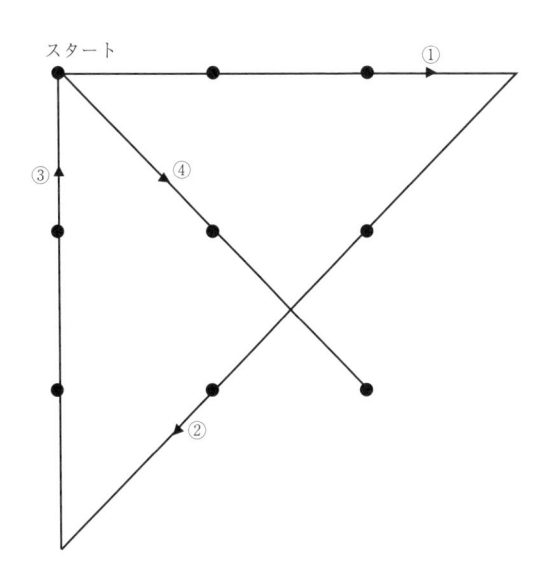

解説

人間の脳は外側の枠をとらえてこの図を四角形と判断して、その中で答えを出そうと無意識に考えてしまいます。そうすると永久に答えは出てきません。これまでの枠を外すことに気がつけば、答えは見つかるものです。常識にとらわれないことも時として必要になってきます。

教訓

固定観念・先入観にとらわれない。

問題Ⅲ：

解答

6	2	1	7	3	9	5	4	8
8	9	3	6	4	5	7	2	1
7	4	5	8	1	2	3	6	9
1	5	7	2	6	3	9	8	4
2	8	9	4	7	1	6	5	3
3	6	4	9	5	8	2	1	7
4	3	2	5	8	7	1	9	6
5	1	6	3	9	4	8	7	2
9	7	8	1	2	6	4	3	5

解説

まずルールをしっかり把握することです。そして，答えの出し方，見つけ方を理解しましょう。一つの答えが次の答えを呼ぶことがわかると思います。全体を見渡して答えがわかるところからどんどん進めていくことが重要です。

教訓

① 全体を見渡す。
② わかるところ，できるところからやる。
③ 次の予測をする。

問題Ⅳ：

解答

A（ジュン），B（ユミ），C（カオル）

解説

カオルは真実を述べていますので，AもBもカオルではありません。そうすると，残るCがカオルということになります。カオルは真実を言っていますので，Aがジュンとなります。そして，残ったBがユミということです。

教訓

消去法を使うと正解が早く見えることもある。

引用・参考文献

第1講
独立行政法人日本学生支援機構　大学における学生相談体制の充実方策について―「総合的な学生支援」と「専門的な学生相談」の「連携・協働」, 2007

第2講
文部科学省「小学校・中学校・高等学校キャリア教育推進の手引──児童・生徒一人一人の勤労観・職業観を育てるために──」, 2006

シャイン, E. H./金井壽宏訳『キャリア・アンカー―自分のほんとうの価値を発見しよう―』白桃書房, 2003

第3講
寿山泰二「キャリアカウンセリング」上地 安昭編著『教師カウンセラー実践ハンドブック―教育実践活動に役立つカウンセリングマインドとスキル』金子書房, 2010

クランボルツ, J. D.・レヴィン, A. S./花田光世・大木紀子・宮地夕紀子訳『その幸運は偶然ではないんです!』ダイヤモンド社, 2005

寿山泰二『ハッピー☆キャリアデザイン～心豊かに生きるための思考・行動・感情』三恵社, 2008

AERA 2008.04.28

第4講
寿山泰二・宮城まり子・三川俊樹・宇佐見義尚・柏木理佳・長尾博暢『大学生のためのキャリアガイドブック』北大路書房, 2009

第5講
中村和子・杉田峰康『わかりやすい交流分析』チーム医療, 1984

第6講
「Big Five 尺度（和田, 1996）」堀　洋道監修・山本眞理子編『心理測定尺度集Ⅰ―人間の内面を探る〈自己・個人内過程〉―』サイエンス社, 2001

和田さゆり「性格特性用語を用いた Big Five 尺度の作成」『心理学研究』67, 61-67, 1996

第7講
國分康孝・國分久子総監修『構成的グループエンカウンター事典』図書文化社, 2004

第8講
アンジェラ・アキと中学生たち『拝啓十五の君へ』ポプラ社, 2009

第9講
寿山泰二『エンプロイアビリティにみる大学生のキャリア発達論―新時代の大学キャリア教育のあり方』金子書房, 2012

経済産業省「企業の「求める人材像」調査結果について～社会人基礎力との関係」2007

みんなの就職株式会社・楽天リサーチ株式会社「社会人基礎力に関するアンケート結果発表」, 2006

寿山泰二「企業就職能力に見る大学生のキャリア発達」日本キャリアデザイン研究, Vol.3, 日本キャリアデザイン学会, pp.15-29, 2007

第 10 講

http://www.logicalskill.co.jp/logical/triangle.html

第 11 講

秋月りす，道田泰司・宮元博章『クリティカル進化論―「OL 進化論」で学ぶ思考の技法』北大路書房，1999

國分康孝（編）『カウンセリング辞典』誠信書房，1990

第 12 講

W コロン『なぞかけで「脳活」！』東邦出版，2009

W コロン『ととのいました！おやこで「脳活」！なぞかけドリル』東邦出版，2010

山藤章二・尾藤三柳・第一生命『「サラ川」傑作選ベストテン』講談社，2010

近藤勝重『健康川柳』幻冬舎，2008

トニー・ブザン，バリー・ブザン／神田昌典（訳）『ザ・マインドマップ―脳の力を強化する思考技術』ダイヤモンド社，2005

第 13 講

寿山泰二『ハッピー☆キャリアデザイン～心豊かに生きるための思考・行動・感情』三恵社，2008

第 14 講

國分康孝（編）『カウンセリング辞典』誠信書房，1990

付録

『全問解説　サクサク解けるナンプレ 252　Vol.4』笠倉出版社，2011

「若い女性と老婆」W. E. ヒルの描いた錯視絵

著者紹介

寿山　泰二（すやま　やすじ）

〔学歴〕
　関西学院大学商学部卒業，神戸商科大学大学院経営学研究科修士課程修了，兵庫教育大学大学院学校教育研究科修士課程教育臨床心理コース修了，武庫川女子大学大学院臨床教育学研究科博士後期課程修了，博士（臨床教育学）。

〔職歴〕
　大学卒業後，神戸の有名洋菓子会社，住友系旅行会社を経て公認会計事務所に勤務後，税理士として独立開業。その後，京都創成大学経営情報学部専任講師，准教授，教授を経て，現在は阪南大学国際コミュニケーション学部教授，キャリア委員として「キャリア心理学」「インターンシップ」などを担当。専門分野はキャリア心理学，キャリア教育，キャリアカウンセリング。税理士と臨床心理士資格を併せ持つ日本唯一のキャリアコンサルタント。

〔取得資格〕
　税理士，行政書士，宅地建物取引主任者，一般旅行業務取扱主任者，1級FP技能士，国際上級ファイナンシャルプランナー（CFP），臨床心理士，学校心理士，キャリアコンサルタント，シニア産業カウンセラー，THP心理相談員，日商珠算1級，日商簿記1級，日商販売士1級 他

〔著書〕
『ラクチン！時間術 マル得講座』プレジデント社，2016年
『大学生のためのキャリアガイドブック Ver.2』北大路書房，2016年
『社会人基礎力が身につくキャリアデザインブック　社会理解編』金子書房，2012年
『エンプロイアビリティにみる大学生のキャリア発達論—新時代の大学キャリア教育のあり方』金子書房，2012年
『カウンセリング実践ハンドブック』丸善，2011年
『教師カウンセラー実践ハンドブック』金子書房，2010年
『入門の簿記第三版』税務経理協会，2010年
『大学生のためのキャリアガイドブック』北大路書房，2009年
『ハッピー☆キャリアデザイン〜心豊かに生きるための思考・行動・感情〜』三恵社，2008年
『株主重視と会計』税務経理協会，2002年
論文多数

社会人基礎力が身につくキャリアデザインブック
　　──自己理解編

2012年3月24日　初版第1刷発行
2024年2月20日　初版第10刷発行

[検印省略]

著　者　寿　山　泰　二
発行者　金　子　紀　子
発行所　株式会社　金　子　書　房

〒112-0012　東京都文京区大塚3-3-7
TEL　03-3941-0111(代表)
FAX　03-3941-0163
振替　00180-9-103376
URL https://www.kanekoshobo.co.jp

印刷／藤原印刷株式会社
製本／有限会社井上製本所

© Yasuji Suyama, 2012
ISBN978-4-7608-3913-1　C3337　Printed in Japan

グループディスカッション、グループワークを豊富に取り入れ、
社会人基礎力を養成する画期的なテキスト！

社会人基礎力が身につく
キャリアデザインブック

寿山泰二　著

◎自己理解編◎
◎社会理解編◎
全2冊

金子書房